Succesvol Effectief Nieuwe Gewoonten Boek

Verander gewoontes om rijkdom op te bouwen,
Emotionele intelligentie
& Gids voor Gewichtsverlies
door Brian Mahoney

Inhoudsopgave

Inleiding: De kracht van gewoonten

Hoofdstuk 1 Waarom we slechte gewoontes vormen

Hoofdstuk 2 De cyclus doorbreken

Hoofdstuk 3 De kosten van hetzelfde blijven

Hoofdstuk 4 Eetgewoonten veranderen

Hoofdstuk 5 Beweging als levensstijl

Hoofdstuk 6 Verstand boven Plaat

Hoofdstuk 7 De cyclus van te veel uitgeven doorbreken

Hoofdstuk 8 Financiële discipline opbouwen

Hoofdstuk 9 De rijkdom mindset

Hoofdstuk 10 Emotionele intelligentie begrijpen

Hoofdstuk 11 Reactiviteit vervangen door respons

Hoofdstuk 12 Relaties versterken door EQ

Hoofdstuk 13 Gewoonte stapelen voor succes

Hoofdstuk 14 De rol van verantwoording

Hoofdstuk 15 Mijlpalen vieren

Conclusie

Verklarende woordenlijst

Disclaimer

De informatie in dit boek is alleen bedoeld voor educatieve en informatieve doeleinden. Hoewel de aangeboden strategieën en adviezen gebaseerd zijn op algemeen erkende principes van persoonlijke ontwikkeling, gezondheid, financiën en emotionele intelligentie, zijn ze niet bedoeld als professioneel medisch, financieel of psychologisch advies.

Voordat je belangrijke veranderingen aanbrengt in je dieet, trainingsroutine of financiële gewoonten, is het sterk aan te raden om een bevoegde professional te raadplegen, zoals een arts, financieel adviseur of therapeut, om er zeker van te zijn dat de stappen die je neemt geschikt zijn voor jouw individuele omstandigheden.

De auteur en uitgever zijn niet verantwoordelijk voor enig letsel, financiële verliezen of emotioneel leed dat kan optreden als gevolg van het implementeren van de informatie in dit boek. Elke actie die je onderneemt op basis van de inhoud van dit boek is op eigen risico.

Alles is in het werk gesteld om de nauwkeurigheid van de informatie in dit boek te garanderen, maar de auteur en uitgever geven geen garanties met betrekking tot de resultaten die je kunt ervaren. Succes wordt uiteindelijk bepaald door je individuele inzet, omstandigheden en consistentie in het toepassen van de besproken strategieën.

Door dit boek te gebruiken, gaat u akkoord met deze voorwaarden.

Inleiding:
De kracht van gewoonten

Gewoontes zijn de bouwstenen van ons dagelijks leven. Vanaf het moment dat je wakker wordt tot het moment dat je naar bed gaat, wordt veel van wat je doet gedreven door automatische routines in plaats van bewuste beslissingen. Deze gewoontes kunnen je ofwel naar succes leiden of je vasthouden in cycli van frustratie, zelftwijfel en gemiste kansen.

Dit boek gaat over het benutten van de transformerende kracht van gewoonten om te keren die niet dienen u en vervang ze door degenen die leiden tot een gezonder lichaam, een rijkere toekomst, en een sterkere emotionele intelligentie. Door het begrijpen van de wetenschap van gewoonten en het toepassen van praktische strategieën, kunt u fundamenteel veranderen het traject van je leven.

1. De onzichtbare kracht die je leven vormgeeft

Gewoontes werken als een automatische piloot en sturen je acties zonder dat je er constant over na hoeft te denken of er moeite voor hoeft te doen. Ze zijn efficiënt, het opslaan van mentale energie door u in staat om taken uit te voeren zonder na te denken. Deze zelfde efficiëntie kan echter schadelijk zijn wanneer slechte gewoonten wortel schieten.

Voorbeelden van de kracht van gewoontes:

   Positieve gewoonten: Je tanden poetsen, regelmatig sporten of je aan een budget houden.

   Negatieve gewoonten: Gedachteloos snacken, uitstellen of te veel uitgeven.

Je gewoonten bepalen niet alleen je dagelijkse routine, maar ook de resultaten die je ziet in je gezondheid, financiën, relaties en emotioneel welzijn.

Belangrijkste inzicht:

Kleine gewoontes die consequent worden herhaald, hebben na verloop van tijd een versterkend effect. Een schijnbaar onbeduidend gedrag vandaag kan leiden tot significante resultaten maanden of jaren later.

Reflectieopdracht:

Identificeer één gewoonte, goed of slecht, die je leven aanzienlijk heeft beïnvloed. Schrijf op hoe die je gevormd heeft tot waar je nu bent.

2. Waarom we moeite hebben om slechte gewoontes te doorbreken

Het omkeren van slechte gewoontes kan aanvoelen als een zware strijd, en daar is een reden voor: gewoontes zitten diep ingebakken in je hersenen. De cyclus van aansporing, routine en beloning vormt een krachtige lus die moeilijk te doorbreken is.

De gewoontelus:

Cue: Een trigger die de gewoonte initieert.

Routine: De actie die je onderneemt als reactie op de cue.

Beloning: Het voordeel of de opluchting die je krijgt en die het gedrag versterkt.

Slechte gewoonten worden vaak gevoed door onmiddellijke beloningen, zelfs als de gevolgen op de lange termijn schadelijk zijn. Bijvoorbeeld:

Te veel eten biedt onmiddellijk comfort, maar leidt tot gewichtstoename.

Impulsaankopen brengen tijdelijke opwinding, maar schaden je financiën.

Emotioneel reageren op conflicten voelt louterend, maar beschadigt relaties.

Reflectieopdracht:

Denk aan een slechte gewoonte waar je mee worstelt. Identificeer de stimulans, de routine en de beloning.

3. Het potentieel voor transformatie

Het goede nieuws is dat gewoonten niet in steen gebeiteld zijn. Het zijn patronen, en patronen kunnen worden veranderd met de juiste aanpak. Door te begrijpen hoe gewoonten werken en ze bewust te leren vervangen, kun je destructieve cycli ombuigen naar versterkende.

Denk hier eens over na:

In plaats van naar junkfood te grijpen als je gestrest bent, kun je jezelf trainen om te gaan wandelen of diep adem te halen.

In plaats van financiële planning te vermijden, kun je er een gewoonte van maken om je uitgaven dagelijks bij te houden.

In plaats van impulsief te reageren in emotioneel geladen situaties, kun je leren om te pauzeren en een doordachte reactie te kiezen.

Het doel is niet om gewoontes te elimineren, maar om betere gewoontes op te bouwen. Door dit te doen, krijg je controle over je acties en creëer je een leven dat in lijn is met je aspiraties.

Actiestap:

Schrijf één slechte gewoonte op die je wilt omkeren en bedenk een gezondere gewoonte om die te vervangen.

4. Waarom dit boek belangrijk is

Dit boek is jouw gids voor transformatie. Het gaat over meer dan het doorbreken van slechte gewoontes - het gaat over het herwinnen van je kracht om je leven opzettelijk vorm te geven. Of je nu wilt afvallen, financiële stabiliteit wilt bereiken of je relaties wilt versterken, de strategieën in dit boek zullen je toerusten om:

Identificeer de gewoonten die je tegenhouden.

Begrijp de onderliggende triggers en beloningen die hen drijven.

Destructieve patronen vervangen door positief, duurzaam gedrag.

Wat je zult leren:

De psychologie en wetenschap van gewoonten.

Praktische technieken voor het herbedraden van je gedrag.

Hoe je een systeem van verantwoording creëert en vooruitgang viert.

Door dit proces zul je je potentieel ontdekken om niet alleen doelen te bereiken, maar een leven op te bouwen met een doel, discipline en voldoening.

5. Je reis begint hier

Het doorbreken van slechte gewoontes en het opbouwen van betere gewoontes is een reis, geen oplossing van de ene op de andere dag. Het vereist toewijding, zelfbewustzijn en veerkracht. Maar de beloningen zijn levensveranderend. Stel je een versie van jezelf voor die:

Je wordt energiek en zelfverzekerd wakker, wetende dat je keuzes maakt die je gezondheid ondersteunen.

Het gevoel hebt dat je je financiën onder controle hebt en enthousiast bent over je financiële toekomst.

Navigeert relaties met empathie, geduld en emotionele intelligentie.

Deze transformatie is mogelijk - en het begint met één kleine stap tegelijk.

Laatste taak:

Maak een intentie voor deze reis. Schrijf een specifiek gebied van je leven op dat je wilt verbeteren met behulp van de strategieën in dit boek.

Afsluitende gedachten over de kracht van gewoontes

Gewoonten zijn niet alleen acties - ze zijn uitdrukkingen van wie je bent en wie je aan het worden bent. Door het nemen van de leiding van uw gewoonten, neem je de leiding over je lot. Dit boek zal dienen als uw routekaart naar het omkeren van slechte gewoonten en het ontsluiten van de gezondere, rijkere en emotioneel intelligente versie van jezelf die wacht om naar voren te komen.

Laten we beginnen.

Hoofdstuk 1:
Waarom we slechte gewoontes vormen

Handleiding voor instructeurs om slechte gewoontes te begrijpen en aan te pakken

Welkom! Je bent hier omdat je erkent dat sommige van je gewoonten je tegenhouden, en dat is een moedige en krachtige eerste stap. Laten we beginnen met te begrijpen waarom deze gewoonten bestaan - omdat het kennen van de "waarom" geeft ons de tools om ze te veranderen.

1. Wat zijn gewoonten?

Gewoontes zijn automatische acties die je hersenen geprogrammeerd hebben om energie te besparen. Denk aan je tanden poetsen of je schoenen strikken-je hoeft er niet over na te denken; ze gebeuren gewoon. Dat is de goede kant van gewoontes.

De uitdaging is wanneer gewoonten zich tegen je keren, zoals urenlang scrollen op sociale media of overeten wanneer je gestrest bent. Dit zijn patronen die je hersenen hebben aangeleerd omdat ze je op een bepaald moment beter lieten voelen of een probleem oplosten, al was het maar tijdelijk.

2. Uw gewoontelus begrijpen

Om slechte gewoonten te herstellen, moet je eerst begrijpen hoe ze werken. Elke gewoonte bestaat uit drie delen:

   Aanzet (Trigger): Dit is wat je gewoonte in gang zet. Het kan een emotie zijn, een moment van de dag of zelfs een geur.

      Voorbeeld: Je verveelt je op je werk.

   Routine (gedrag): Dit is de actie die je onderneemt als reactie op de cue.

Voorbeeld: Je pakt een zak chips om te snacken.

Beloning: Dit is de beloning die het gedrag versterkt, zelfs als die van korte duur is.

Voorbeeld: Je voelt een kortstondig gevoel van genot door het eten van de chips.

Jouw taak:

Denk aan één slechte gewoonte die je zou willen veranderen. Schrijf op:

De cue die het triggert.

De routine die je volgt.

De beloning die je krijgt.

3. Waarom blijven slechte gewoontes bestaan?

Slechte gewoonten blijven bestaan omdat ze je iets geven wat je wilt - meestal onmiddellijke bevrediging. Laten we het opsplitsen:

Je voelt je gestrest (cue), dus je kijkt tv (routine) om je ontspannen te voelen (beloning).

Het probleem? Die "beloning" is tijdelijk en pakt het probleem niet bij de wortel aan - je stress.

Slechte gewoonten gedijen ook goed in omgevingen die ze gemakkelijk maken. Ga maar na: als je altijd junkfood in huis hebt, is het moeilijker om het te vermijden. Of als je telefoon binnen handbereik ligt, wordt scrollen een automatisme.

Jouw taak:

Besteed een dag aan het observeren van jezelf. Welke gewoonten gebeuren zonder dat je erbij nadenkt? Wat triggert ze? Schrijf zoveel mogelijk op.

4. Versterk jij je slechte gewoontes?

Soms versterken we slechte gewoonten zonder het te beseffen. Bijvoorbeeld:

Jezelf vertellen, "Ik faal altijd met diëten", geeft je hersenen een excuus om het niet meer te proberen.

Zinnen als "Ik ben gewoon een nachtuil" kunnen je ervan weerhouden om een productieve ochtendroutine op te bouwen.

Hier is de waarheid: de verhalen die je jezelf vertelt vormen je gewoonten. Als je jezelf ziet als iemand die niet kan veranderen, zullen je gewoonten dat weerspiegelen.

Jouw taak:

Schrijf alle etiketten op die je jezelf hebt gegeven (bijv. "Ik ben slecht met geld"). Daag ze uit door te vragen: "Is dit echt waar, of is het gewoon een gewoonte van denken?"

5. De verborgen kosten van slechte gewoonten

Slechte gewoontes zijn niet alleen vervelend - ze hebben ook een prijs.

Gezondheid: Uitstel van lichaamsbeweging of slecht eten tast je lichaam aan.

Rijkdom: Te veel uitgeven of niet sparen haalt je financiële stabiliteit onderuit.

Emoties: Reageren in plaats van reflecteren kan je relaties en gevoel van eigenwaarde schaden.

Vraag jezelf af:

Hoe houdt deze gewoonte me tegen?

Hoe zou mijn leven eruit zien als ik het zou vervangen door iets beters?

Jouw taak:

Schrijf één manier op waarop een slechte gewoonte je kost op elk gebied: gezondheid, rijkdom en emoties. Wees eerlijk tegen jezelf.

6. Laten we klein beginnen: je eerste stap naar verandering

Om een slechte gewoonte te veranderen, hoef je niet alles in één keer op te lossen. Begin met het begrijpen van één gewoonte en de triggers ervan. Concentreer je nu op bewustwording.

Houd een dagboek bij: Schrijf een week lang op wanneer je slechte gewoonte optreedt, wat de aanleiding was en hoe je je daarna voelde.

Vraag "Waarom?": Graaf diep. Waarom neem je deze gewoonte? In welke behoefte probeer je te voorzien?

Onthoud: slechte gewoonten zijn vaak gewoon oplossingen voor onvervulde behoeften. Zodra je de behoefte begrijpt, kun je gezondere manieren vinden om eraan te voldoen.

Hoofdstuk 2:
De cyclus van slechte gewoonten doorbreken

Welkom terug! Inmiddels heb je de eerste stap gezet: het begrijpen van het waarom achter je slechte gewoontes. Goed gedaan. Laten we nu een andere versnelling inschakelen en het hebben over hoe je los kunt komen van die cycli en beginnen met het creëren van blijvende verandering. Dit hoofdstuk gaat over strategieën - eenvoudig, praktisch en effectief.

1. Erken de kracht van bewustzijn

De eerste stap in het doorbreken van een gewoonte is er een licht op schijnen. Veel slechte gewoonten gedijen in het donker - ze gebeuren zo automatisch dat we niet eens beseffen dat we ze doen.

Stel je dit eens voor: Je loopt je keuken in en pakt zonder na te denken een snack. Waarom? Omdat het een gewoonte is. Maar wat als je even pauzeert en jezelf afvraagt: "Heb ik eigenlijk wel honger?" Dat moment van bewustwording is waar verandering begint.

Jouw taak:

Gebruik de komende week deze eenvoudige techniek om gewoontes te onderbreken:

    Als je jezelf betrapt op een slechte gewoonte, pauzeer dan.

    Vraag jezelf af:

        Wat voel ik nu?

        Waarom ga ik dit doen?

        Is er een gezondere manier om met dit moment om te gaan?

2. Vervangen, niet verwijderen

Hier is een waarheid: gewoontes zijn moeilijk te "doorbreken", maar ze kunnen worden vervangen. Je hersenen houden niet van een leegte. Als je een slechte gewoonte probeert te stoppen zonder er iets anders voor in de plaats te zetten, is de kans groter dat je terugvalt.

Voorbeeld:

Oude gewoonte: Elke middag een suikerhoudende frisdrank pakken.

Vervangingsgewoonte: Naar bruisend water of kruidenthee grijpen.

Merk op dat je nog steeds het verlangen naar een drankje honoreert, maar met een gezondere keuze.

Jouw taak:

Kies één slechte gewoonte waaraan je deze week wilt werken. Schrijf op:

De gewoonte die je wilt vervangen.

Een positief alternatief dat in dezelfde behoefte voorziet.

Beloof om de vervanging een week lang te oefenen.

3. Controleer uw omgeving

Veel gewoonten worden beïnvloed door je omgeving. Als je omgeving je slechte gewoonte ondersteunt, is het alsof je probeert stroomopwaarts te zwemmen. Verander je omgeving en je maakt het makkelijker om je gedrag te veranderen.

Voorbeelden:

Probleem: je eet te veel junkfood.

Oplossing: Verwijder junkfood uit je huis en sla gezonde snacks in.

Probleem: je stelt jezelf uit door tv te kijken.

Oplossing: Bewaar je afstandsbediening in een lade en leg in plaats daarvan een boek of je werkmateriaal op de bank.

Jouw taak:

Kies één gewoonte die verband houdt met je omgeving. Dan:

Identificeer de trigger in je omgeving.

Verander dat deel van je omgeving om de gewoonte moeilijker te maken.

4. Gebruik de kracht van kleine overwinningen

Grote, ingrijpende veranderingen mislukken vaak omdat ze overweldigend zijn. Richt je in plaats daarvan op kleine, beheersbare overwinningen die na verloop van tijd een momentum opbouwen.

Voorbeeld:

In plaats van te zeggen: "Ik ga elke dag een uur sporten", begin je met 5 minuten.

Als je de schermtijd wilt verminderen, begin dan met 10 minuten per dag.

De sleutel is consistentie. Kleine overwinningen leiden tot grote veranderingen.

Jouw taak:

Identificeer één "kleine overwinning" waar je vandaag aan kunt werken. Wat is één kleine actie die je in de goede richting duwt? Schrijf het op en beloof het een week lang elke dag te doen.

5. Gebruik verantwoording om op koers te blijven

Laten we eerlijk zijn: gewoontes veranderen is moeilijk om alleen te doen. Iemand hebben die je verantwoordelijk houdt kan het verschil maken.

Voorbeelden van hulpmiddelen voor verantwoording:

   Buddy-systeem: Zoek een vriend of familielid die je voortgang kan volgen.

   Publieke toezeggingen: Deel je doelen met anderen-dit creëert externe druk om door te zetten.

   Vooruitgang bijhouden: Gebruik een app voor het bijhouden van gewoontes of een eenvoudige kalender om elke dag dat je je aan je doel houdt te markeren.

Jouw taak:

Kies een verantwoordingsmethode die voor jou werkt. Schrijf het op en stel het vandaag nog in.

6. Beoefen zelfcompassie

Een gewoonte doorbreken is geen recht pad. Je zult tegenslagen hebben en dat is oké. Het doel is niet perfectie, maar vooruitgang.

Als je uitglijdt, sla jezelf dan niet voor je kop. Vraag je in plaats daarvan af:

    Wat heeft dit veroorzaakt?

    Hoe kan ik me beter voorbereiden op de volgende keer?

Behandel jezelf met dezelfde vriendelijkheid die je een vriend zou bieden.

Jouw taak:

Schrijf een zelfcompassieverklaring op die je kunt gebruiken als je uitglijdt. Voorbeeld:

"Het is oké om tegenslagen te hebben. Ik leer en verbeter elke dag."

7. De cyclus in actie doorbreken

Hier volgt een overzicht van de stappen die je moet nemen om je slechte gewoonte te doorbreken:

    Herken het: Maak je bewust van de gewoonte.

    Vervang het: Kies een gezonder alternatief.

    Herstructureer je omgeving: Verwijder triggers en verleidingen.

    Begin klein: Focus op consistente, beheersbare acties.

    Blijf verantwoordelijk: Zoek steun en houd je vooruitgang bij.

    Wees lief voor jezelf: Leer van tegenslagen en blijf vooruit gaan.

In het volgende hoofdstuk gaan we dieper in op de verborgen kosten van slechte gewoontes en hoe ze je gezondheid, rijkdom en emotioneel welzijn beïnvloeden. Richt je nu op het observeren, vervangen en oefenen van deze strategieën.

Vergeet niet dat verandering een proces is, en je doet het geweldig!

Hoofdstuk 3: De kosten van hetzelfde blijven

Welkom bij hoofdstuk 3! Tot nu toe hebben we besproken waarom gewoonten zich vormen en hoe je de cyclus kunt doorbreken. Maar laten we even pauzeren en onszelf afvragen: Wat gebeurt er als ik niet verander?

Dit is niet om je bang te maken, maar om je te helpen begrijpen wat de werkelijke kosten zijn als je vast blijft zitten in slechte gewoonten. Als je eenmaal ziet hoeveel je te verliezen hebt, zul je je nog gemotiveerder voelen om een betere toekomst te creëren.

1. De gezondheidskosten van slechte gewoonten

Slechte gewoonten eisen na verloop van tijd een tol op je lichaam. De schade is misschien niet meteen zichtbaar, maar in de loop van maanden en jaren kunnen de gevolgen zich opstapelen.

Algemene gezondheidskosten:

   Slechte voedingskeuzes: Kan leiden tot gewichtstoename, hartaandoeningen, diabetes en vermoeidheid.

   Gebrek aan beweging: Verzwakt je spieren, vermindert je uithoudingsvermogen en draagt bij aan chronische ziekten.

   Stress en slechte slaapgewoonten: Verlagen je immuunsysteem, verhogen je bloeddruk en zorgen ervoor dat je je mentaal uitgeput voelt.

De realiteitscontrole:

Stel je voor dat je 5, 10 of 20 jaar in de toekomst zit. Hoe zullen deze gewoonten je lichamelijke gezondheid beïnvloeden? Zal je de energie hebben om van het leven te genieten, te reizen of met je kinderen of kleinkinderen te spelen?

Jouw taak:

Schrijf één slechte gewoonte op die je nu hebt. Schrijf vervolgens een korte beschrijving van de mogelijke gevolgen als je er de komende 10 jaar mee doorgaat.

2. De financiële kosten van slechte gewoonten

Slechte gewoonten kunnen je portemonnee stilletjes leegzuigen. Denk eens na over die dagelijkse uitgaven of impulsieve beslissingen: hoeveel kosten ze je echt?

Voorbeelden van financiële kosten:

   Dagelijkse koffie- of afhaalmaaltijden: $5 per dag lijkt misschien niet veel, maar over een jaar is dat bijna $2.000.

   Impulsaankopen: Kleding, gadgets of abonnementen die je niet gebruikt, kunnen snel oplopen.

   Gemiste kansen: Uitgeven in plaats van sparen of investeren beperkt je financiële groei.

De realiteitscontrole:

Stel je eens voor waar je financiën zouden kunnen staan als je zelfs maar een deel van je uitgaven zou ombuigen naar sparen of beleggen.

Jouw taak:

Bekijk je recente uitgaven. Identificeer één gewoonte of uitgave waarop je zou kunnen bezuinigen. Schrijf op hoeveel je zou besparen in een maand en een jaar door deze ene gewoonte te veranderen.

3. De emotionele kosten van slechte gewoonten

Slechte gewoontes tasten niet alleen je lichaam en bankrekening aan - ze wegen ook op je geest en hart.

Emotionele kosten:

   Laag gevoel van eigenwaarde: Als je er herhaaldelijk niet in slaagt om te veranderen, kun je je verslagen of vastgeroest voelen.

   Beschadigde relaties: Verwaarlozing van dierbaren, slechte communicatie of reactiviteit kunnen je connecties onder druk zetten.

   Mentale overbelasting: Stress door uitstelgedrag of onafgemaakte taken kan je overweldigd doen voelen.

De realiteitscontrole:

Hoe zou je emotionele leven eruit zien als je één slechte gewoonte zou vervangen door een gezonde, opbeurende gewoonte? Zou je zelfverzekerder kunnen zijn, minder gestrest, of dichter bij de mensen om wie je geeft?

Jouw taak:

Denk aan één slechte gewoonte die je emoties of relaties negatief beïnvloedt. Schrijf op hoe je leven er emotioneel op vooruit zou gaan als je die gewoonte zou overwinnen.

4. Opportuniteitskosten: Wat loopt u mis?

Elke slechte gewoonte kost tijd en energie die je aan iets zinvollers zou kunnen besteden. Laten we eens nadenken:

   Tijd: Uitstelgedrag, tv kijken of hersenloos scrollen kun je gebruiken om nieuwe vaardigheden te leren, relaties op te bouwen of aan je dromen te werken.

Energie: Slechte gewoonten putten mentale en fysieke energie uit, waardoor je te uitgeput raakt om je doelen na te streven.

De realiteitscontrole:

Vraag jezelf eens af: Wat zou je kunnen bereiken als je slechts één uur per dag van je slechte gewoontes zou afhalen?

Jouw taak:

Schrijf één groot doel op dat je hebt uitgesteld. Bereken nu hoeveel tijd je elke week zou besparen door te stoppen met één tijdverspillende gewoonte.

5. De kosten van spijt

Spijt is een van de zwaarste lasten in het leven. Stel je voor dat je over jaren terugkijkt en wenst dat je andere keuzes had gemaakt. Het goede nieuws? Je bent hier en je hebt de kracht om te veranderen.

De realiteitscontrole:

Denk aan de toekomstige versie van jezelf. Welk advies zouden zij jou geven over de gewoontes die je vandaag moet veranderen?

Jouw taak:

Schrijf een brief van je "toekomstige ik" aan je huidige ik, waarin je uitlegt hoe je leven verbeterde toen je begon met het doorbreken van je slechte gewoontes.

6. Bewustzijn omzetten in actie

Inmiddels heb je nagedacht over hoe slechte gewoontes je gezondheid, rijkdom en emoties beïnvloeden. Laten we dat bewustzijn omzetten in motivatie:

Schrijf een verklaring over waarom je wilt veranderen. Voorbeeld:

"Ik wil me energiek voelen en vertrouwen hebben in mijn lichaam, zodat ik met mijn kleinkinderen kan spelen zonder moe te worden."

"Ik wil rijkdom opbouwen zodat ik comfortabel met pensioen kan gaan en mijn gezin kan onderhouden."

Laatste gedachten

Hetzelfde blijven heeft een prijs - een prijs die groter wordt naarmate je langer wacht. Maar hier is het goede nieuws: elke stap die je vandaag neemt, hoe klein ook, verlaagt die prijs en brengt je dichter bij het leven dat je wilt.

In het volgende hoofdstuk zullen we onderzoeken hoe je specifieke slechte gewoonten kunt omkeren, te beginnen met je lichamelijke gezondheid. Voor nu, blijf gefocust op wat er op het spel staat en gebruik het als brandstof voor verandering. Je doet geweldig werk - ga zo door!

Hoofdstuk 4: Nieuwe bedrading voor eetgewoonten

Voeding is een van de krachtigste invloeden op je lichamelijke gezondheid, energie en algehele welzijn. Toch zijn eetgewoonten ook een van de moeilijkste om te veranderen. Waarom? Omdat voeding verbonden is met onze emoties, routines en zelfs ons sociale leven. In dit hoofdstuk onderzoeken we hoe je je eetgewoonten opnieuw kunt afstemmen op je gezondheidsdoelen, zonder dat je je tekortgedaan of overweldigd voelt.

1. Waarom we worstelen met eetgewoonten

Eetgewoonten worden vaak beïnvloed door:

   Emoties: Stress, verveling of verdriet kunnen aanzetten tot emotioneel eten.

   Gemak: Fastfood en bewerkte snacks zijn makkelijk maar vaak ongezond.

   Milieu: Ongezonde opties kunnen toegankelijker zijn dan voedzame.

   Aangeleerd gedrag: Veel eetpatronen stammen uit de kindertijd, zoals alles op je bord opeten of voedsel gebruiken als beloning.

De sleutel tot het opnieuw aanleren van je eetgewoonten is het herkennen van deze patronen en leren hoe je ze kunt onderbreken.

2. Begin met bewustzijn

De oefening Voedingsdagboek:

Voordat je je eetgewoonten kunt veranderen, moet je ze begrijpen. Houd een week lang een eetdagboek bij. Schrijf op:

- Wat je eet (alles, zelfs snacks).
- Wanneer je eet (tijdstip van de dag).
- Waarom je eet (honger, stress, verveling, feest, enz.).
- Hoe je je daarna voelt (tevreden, schuldig, energiek, enz.).

Waarom dit werkt:

Deze oefening brengt patronen aan het licht, zoals eten uit gewoonte in plaats van uit honger of kiezen voor ongezonde opties wanneer je gestrest bent. Bewustwording is de eerste stap naar verandering.

3. Doorbreek de cyclus van emotioneel eten

Emotioneel eten begint vaak met een trigger - stress, verveling of verdriet. De sleutel is om het gedrag te vervangen door iets gezonders.

Stappen om emotioneel eten te doorbreken:

Identificeer de aanleiding: Pauzeer en vraag: "Heb ik echt honger of is dit emotioneel?"

Onderbreek de cyclus: Kies een alternatieve activiteit, zoals wandelen, dagboeken bijhouden of een vriend bellen.

Beoefen Mindful Eten: Als je eet, concentreer je dan op de smaken, texturen en het plezier van het eten. Dit vermindert overeten en zorgt voor tevredenheid met kleinere porties.

4. Plan je maaltijden met intentie

Gezond eten begint met plannen. Als je voedzame opties binnen handbereik hebt, is het makkelijker om betere keuzes te maken.

Stappen om succesvol te plannen:

Maaltijden voorbereiden: Trek elke week tijd uit om gezonde maaltijden of snacks te bereiden.

Voorraad in je keuken: Houd voedzaam voedsel zoals fruit, groenten, volle granen en magere eiwitten bij de hand.

Snacks voorverdelen: In plaats van rechtstreeks uit de zak te eten, verdeel je snacks in porties om te voorkomen dat je te veel eet.

Plan maaltijden: Eet op vaste tijden om ondoordacht grazen te verminderen.

Jouw taak:

Plan één dag met maaltijden en snacks. Schrijf het op en beloof het te volgen.

5. Controleer uw omgeving

Je omgeving speelt een grote rol in je eetgewoonten. Als junkfood binnen handbereik is, is het moeilijker om het te weerstaan.

Stappenplan voor een gezonde eetomgeving:

   Uit het oog, uit het hart: Houd ongezonde snacks uit het zicht of uit huis.

   Visuele hints: Zet gezonde opties zoals fruit of noten op de toonbank.

   Kleinere borden: Gebruik kleinere borden om porties onder controle te houden en overeten te voorkomen.

   Afleidingsvrije maaltijden: Vermijd eten voor schermen om mindful te blijven.

Jouw taak:

Breng vandaag één verandering aan in je omgeving die gezonder eten ondersteunt.

6. Bouw betere gewoonten op, stap voor stap

Je eetgewoonten veranderen betekent niet dat je van de ene op de andere dag je hele eetpatroon omgooit. Richt je op kleine, beheersbare stappen.

Voorbeelden van kleine successen:

Vervang frisdrank door water of thee.

Voeg een portie groenten toe aan je avondeten.

Kies voor hele granen in plaats van geraffineerde koolhydraten.

Neem je lunchpakket mee in plaats van uit eten te gaan.

Jouw taak:

Kies één kleine verandering in je eetgewoonten. Doe dit een week lang consequent voordat je een andere verandering aanbrengt.

7. Herdefinieer "traktaties" en beloningen

Eten wordt vaak gebruikt als beloning, maar dit kan ongezonde gewoonten versterken. Zoek in plaats daarvan manieren om jezelf te vieren of te troosten die niets met eten te maken hebben.

Voorbeelden van Non-Food beloningen:

Een ontspannend bad.

Een nieuw boek of een nieuwe outfit kopen.

Tijd nemen om van een hobby te genieten.

Jouw taak:

Schrijf drie niet-voedselbeloningen op waarmee je je vooruitgang kunt vieren.

8. Evenwicht, geen perfectie

Gezond eten gaat niet over perfectie, maar over balans. Het is prima om af en toe van je favoriete voedingsmiddelen te genieten. De sleutel is matiging.

Tips voor evenwicht:

   Volg de 80/20 regel: Eet 80% van de tijd voedzaam en geef de overige 20% ruimte voor verwennerij.

   Portiecontrole: Je kunt van het dessert genieten zonder te overdrijven.

   Vergeef jezelf: Eén misstap verpest je vooruitgang niet. Ga bij je volgende maaltijd weer op het goede spoor.

9. De voordelen op lange termijn

Als je je eetgewoonten opnieuw instelt, zul je veranderingen opmerken die veel verder gaan dan het getal op de weegschaal:

   Meer energie en focus.

   Beter humeur en emotionele stabiliteit.

   Verbeterde spijsvertering en algehele gezondheid.

Stel je voor dat je je sterker voelt, meer zelfvertrouwen hebt en je relatie met eten onder controle hebt. Dat is de beloning voor deze veranderingen.

Laatste gedachten

Het veranderen van eetgewoonten is een reis, geen sprint. Begin klein, blijf consequent en vier elke overwinning onderweg. Onthoud dat je niet alleen verandert wat je eet, je verandert ook je gezondheid en je leven.

In het volgende hoofdstuk behandelen we een ander belangrijk gebied: hoe rijkdom op te bouwen door slechte geldgewoonten te doorbreken. Blijf voor nu gefocust op het maken van doordachte, bewuste voedselkeuzes. Je kunt het!

Hoofdstuk 5: Beweging als levensstijl

Welkom terug! We hebben het gehad over eetgewoonten en nu is het tijd om de aandacht te verleggen naar een andere hoeksteen van welzijn: beweging. Beweging gaat niet alleen over naar de sportschool gaan, het gaat over lichaamsbeweging integreren in je dagelijks leven op een manier die natuurlijk en duurzaam aanvoelt.

Dit hoofdstuk leidt je door de stappen om anders over beweging te denken, activiteiten te vinden die je leuk vindt en een levensstijl te ontwikkelen die een gezondere, energiekere versie van jezelf ondersteunt.

1. Waarom beweging belangrijk is

Lichaamsbeweging beïnvloedt je leven op talloze manieren, veel meer dan alleen calorieën verbranden of spieren opbouwen. Laten we even de tijd nemen om te begrijpen waarom beweging essentieel is:

    Verhoogt de energie: Regelmatige activiteit verhoogt de bloedtoevoer en zuurstof naar je cellen, waardoor je alerter en geconcentreerder blijft.

    Ondersteunt de geestelijke gezondheid: Lichaamsbeweging maakt endorfine vrij, de "feel-good" chemicaliën die stress, angst en depressie verminderen.

    Verbetert de lichamelijke gezondheid: Beweging versterkt je hart, botten en spieren en vermindert het risico op chronische ziekten.

    Verbetert de levensduur: Actieve mensen hebben meer kans om langer en gezonder te leven.

2. Verander je mindset over beweging

Van "oefening" naar "beweging"

Veel mensen zien lichaamsbeweging als een karwei of een straf voor te veel eten. Laten we die denkwijze veranderen. Beweging is geen taak om af te vinken - het is een manier om te vieren wat je lichaam kan en om te investeren in je gezondheid.

Het doel: Plezier vinden in bewegen

De sleutel om van beweging een levensstijl te maken is het vinden van activiteiten die je echt leuk vindt. Beweging hoeft geen workout in de sportschool te zijn; het kan ook dansen, tuinieren, wandelen of een sport zijn.

Jouw taak:

Neem vijf minuten de tijd om na te denken:

    Welke vormen van beweging vind je momenteel leuk?

    Naar welke nieuwe activiteiten ben jij nieuwsgierig?

3. Begin klein, bouw consistentie op

Je hoeft geen marathon te lopen of urenlang te trainen om resultaten te zien. Het doel is consistentie boven intensiteit.

Ideeën voor kleine successen:

    Maak een wandeling van 10 minuten na de maaltijd.

    Stretch 5 minuten 's ochtends of 's avonds.

    Gebruik de trap in plaats van de lift.

    Parkeer verder weg om extra stappen aan je dag toe te voegen.

Jouw taak:

Zet je in voor een klein bewegingsdoel voor de week. Voorbeelden:

    "Ik ga elke dag na het eten 15 minuten wandelen."

    "Ik doe elke ochtend 10 squats voordat ik mijn tanden poets."

4. Neem beweging op in je routine

Om van bewegen een levensstijl te maken, moet het naadloos in je dagelijkse schema passen.

Tips voor het integreren van beweging:

    Actief pendelen: Loop of fiets naar het werk als dat mogelijk is. Als u met de auto komt, parkeer dan verder van de ingang.

    Werkpauzes: Sta elke 30 minuten op en rek je uit. Overweeg een sta-bureau of wandelvergaderingen.

Sociale activiteiten: Vervang sedentaire hangouts (zoals tv-kijken) door actieve, zoals wandelen of sporten.

Familietijd: Maak van familietijd actieve tijd-fietsritjes, parkbezoekjes of danswedstrijden in de woonkamer.

Jouw taak:

Identificeer één onderdeel van je routine waar je beweging kunt toevoegen. Schrijf het op en beloof het de komende drie dagen te proberen.

5. Focus op functionele beweging

Functioneel bewegen bootst activiteiten uit het echte leven na en bouwt kracht, flexibiliteit en balans op voor alledaagse taken. Deze aanpak is vooral nuttig als je voor het eerst gaat sporten of als je blessures wilt voorkomen.

Voorbeelden van functionele bewegingen:

Squats: Boots zitten en staan na en versterk zo je benen en core.

Push-Ups: Bouw kracht op in het bovenlichaam voor taken als tillen of dragen.

Lopen: Verbeter balans en beenkracht.

Planks: Versterk je core voor een betere houding en stabiliteit.

Jouw taak:

Kies één functionele beweging en oefen die deze week elke dag 1-2 minuten.

6. Barrières voor beweging overwinnen

Iedereen heeft te maken met obstakels om actief te blijven. Laten we eens kijken naar een aantal veelvoorkomende obstakels:

Veelvoorkomende barrières en oplossingen:

"Ik heb geen tijd."

Oplossing: Verdeel het in korte uitbarstingen. Zelfs 5 minuten activiteit telt op in de loop van de dag.

"Ik hou niet van sporten."

Oplossing: Probeer verschillende activiteiten totdat je iets vindt wat je leuk vindt. Beweging moet voelen als een beloning, niet als een straf.

"Ik ben te moe."

Oplossing: Begin klein. Beweging geeft vaak een boost aan je energieniveau in plaats van het uit te putten.

Jouw taak:

Schrijf op wat je grootste belemmering is om actief te blijven. Bedenk vervolgens een praktische oplossing die je deze week kunt implementeren.

7. Maak het sociaal

Lichaamsbeweging hoeft geen solo-activiteit te zijn. Sociale beweging kan zelfs leuker en motiverender zijn.

Ideeën voor sociale beweging:

  Word lid van een plaatselijk sportteam of fitnessclub.

  Ga wandelen met een vriend of familielid.

  Daag vrienden uit voor stappentellerwedstrijden met een fitnesstracker.

  Doe vrijwilligerswerk voor actieve doelen, zoals buurtschoonmaak of sponsorlopen.

Jouw taak:

Zoek één persoon die je bewegingsmaatje kan zijn. Plan een tijd om samen iets actiefs te doen.

8. Houd uw vooruitgang bij en vier overwinningen

Het bijhouden van je beweging kan je helpen gemotiveerd te blijven en te zien hoe ver je bent gekomen.

Opsporingsmethoden:

  Gebruik een fitnesstracker of smartphone-app.

  Houd een dagboek bij waarin je je dagelijkse activiteiten noteert.

  Stel kleine mijlpalen vast en beloon jezelf als je ze bereikt.

Jouw taak:

Kies een volgmethode en registreer je beweging voor de komende week. Kies een kleine beloning voor het behalen van je eerste mijlpaal.

9. De voordelen van beweging op lange termijn

Als je van bewegen een levensstijl maakt, reiken de voordelen veel verder dan je lichamelijke gezondheid. Dit is wat je zult winnen:

    Meer zelfvertrouwen: Je sterker en bekwamer voelen geeft je zelfvertrouwen een boost.

    Betere stemming: Regelmatig bewegen vermindert stress en verbetert de mentale helderheid.

    Diepere banden: Actieve hobby's kunnen relaties met vrienden en familie versterken.

    Lang leven: Door actief te blijven, kunt u langer leven en uw onafhankelijkheid behouden als u ouder wordt.

Laatste gedachten

Beweging is een geschenk dat je aan je lichaam, geest en ziel geeft. Door het in je dagelijkse leven te integreren, bouw je kracht, veerkracht en een gevoel van voldoening op die doorwerken in elk deel van je leven.

In het volgende hoofdstuk gaan we dieper in op de financiële kant van het doorbreken van slechte gewoontes en hoe je kunt beginnen met het opbouwen van rijkdom door intentioneel geldbeheer. Voor nu, veter je schoenen vast, kom in beweging en geniet van de reis. Je doet ongelooflijk werk!

Hoofdstuk 6:
Geest over plaat

Welkom bij hoofdstuk 6! In de vorige hoofdstukken hebben we het belang van eetgewoonten en beweging behandeld. Nu is het tijd om ons te richten op de rol die je mindset speelt in je relatie met eten. De manier waarop je over eten denkt - je overtuigingen, emoties en gewoonten - kan je doelen ondersteunen of juist saboteren. Dit hoofdstuk begeleidt je bij het ontwikkelen van een bewuste, intentionele benadering van eten, zodat je los kunt komen van ongezonde patronen en echt kunt genieten van het voeden van je lichaam.

1. Het verband tussen mindset en eten

Eten is meer dan alleen brandstof - het is verbonden met cultuur, comfort en zelfs zelfbeeld. Helaas kan deze emotionele band soms leiden tot overdaad, schuldgevoel of restrictie.

Om je eetgewoonten te veranderen, moet je je mindset veranderen. Mindful eten is de sleutel tot het maken van bewuste keuzes die je gezondheid en geluk ten goede komen.

2. Mindless eten begrijpen

Van gedachteloos eten is sprake als we eten zonder er aandacht aan te besteden, wat vaak leidt tot te veel eten of ongezonde keuzes. Veel voorkomende triggers zijn:

    Emotioneel eten: Eten gebruiken om met stress, verdriet of verveling om te gaan.

    Externe signalen: Eten omdat er eten beschikbaar is, niet omdat je honger hebt (denk aan buffetten of snacks op kantoor).

Afleidingen: Eten terwijl je tv kijkt, op je telefoon scrollt of werkt.

Jouw taak:

Denk eens na over de laatste drie maaltijden of tussendoortjes die je hebt gegeten. Had je echt honger of at je uit gewoonte, emotie of afleiding? Schrijf je observaties op.

3. Beoefen Mindful Eten

Mindful eten gaat over vertragen en volledig aanwezig zijn bij je eten. Het helpt je te luisteren naar de honger- en verzadigingssignalen van je lichaam, waardoor je gemakkelijker kunt voorkomen dat je te veel eet.

Stappen om Mindful eten te beoefenen:

Pauzeer voordat je eet: Neem even de tijd om bij jezelf te rade te gaan. Heb je honger of eet je uit gewoonte of emotie?

Gebruik je zintuigen: Let op de kleuren, geuren en texturen van je eten voordat je een hap neemt.

Eet langzaam: Leg je vork tussen de happen neer en kauw goed.

Luister naar je lichaam: Stop met eten als je voldaan bent, niet vol.

Jouw taak:

Oefen voor je volgende maaltijd mindful eten. Elimineer afleidingen, eet langzaam en noteer hoe de ervaring aanvoelt.

4. Overtuigingen over voeding herschrijven

Velen van ons hebben geïnternaliseerde overtuigingen over voeding die niet nuttig zijn. Bekende voorbeelden zijn:

"Ik moet alles op mijn bord opeten."

"Gezond eten is saai of flauw."

"Ik heb het vandaag al verknald, dus ik kan net zo goed eten wat ik wil."

Hoe deze overtuigingen te veranderen:

Oude overtuiging: "Ik moet alles op mijn bord afmaken."

Nieuwe overtuiging: "Het is oké om restjes te bewaren of te stoppen als ik vol zit."

Oude overtuiging: "Gezond eten is saai of flauw."

Nieuwe overtuiging: "Gezond eten kan heerlijk zijn met de juiste bereiding."

Jouw taak:

Schrijf één negatieve overtuiging op die je hebt over eten. Creëer dan een positieve vervangende overtuiging en herhaal die dagelijks voor jezelf.

5. Emotioneel eten onder controle houden

Emotioneel eten is een van de meest voorkomende uitdagingen waar mensen mee te maken hebben. Het is essentieel om de emoties achter je eetpatronen aan te pakken in plaats van voedsel te gebruiken als een copingmechanisme.

Stappen om emotioneel eten te beheersen:

Identificeer triggers: Merk op wanneer je naar voedsel grijpt uit stress, verveling of verdriet.

Zoek alternatieven: Vervang eten door een gezond copingmechanisme, zoals dagboeken bijhouden, mediteren of een wandeling maken.

Plan vooruit: Houd gezondere snacks klaar om impulsieve beslissingen te vermijden.

Jouw taak:

De volgende keer dat je de drang voelt om emotioneel te eten, pauzeer dan en probeer een niet-voedsel coping strategie. Denk na over hoe je je daarbij voelde.

6. Een positieve eetomgeving creëren

Je omgeving beïnvloedt hoeveel en wat je eet. Door kleine veranderingen in je omgeving aan te brengen, kun je op een natuurlijke manier gezondere eetgewoonten ondersteunen.

Tips voor een positieve omgeving:

De grootte van het bord is belangrijk: Gebruik kleinere borden om de porties te beperken.

Uit het oog, uit het hart: Houd ongezonde snacks uit het zicht en zet gezonde opties (zoals fruit) op een plek waar ze gemakkelijk te bereiken zijn.

Creëer de sfeer: Creëer een aangename eetomgeving door aan tafel te zitten, het juiste keukengerei te gebruiken en afleiding te vermijden.

Jouw taak:

Breng vandaag één kleine verandering aan in je eetomgeving. Reorganiseer bijvoorbeeld je voorraadkast zodat gezonde opties meer opvallen.

7. Omarm de 80/20 regel

De 80/20 regel betekent dat je je 80% van de tijd concentreert op gezonde keuzes, terwijl je jezelf wat flexibiliteit gunt voor verwennerijen. Deze aanpak vermindert de druk om "perfect" te zijn en maakt gezond eten duurzamer.

Hoe de 80/20 regel toepassen:

Plan je verwennerijen: Bepaal wanneer en hoe je van iets lekkers gaat genieten.

Geniet van je eten: Eet langzaam en geniet van elke hap zonder schuldgevoel.

Terug op het juiste spoor: Ga bij de volgende maaltijd terug naar je gezonde eetgewoonten.

Jouw taak:

Kies één verwennerij waar je deze week van wilt genieten. Plan wanneer en hoe je het zult nemen en oefen om er met aandacht van te genieten.

8. Koester dankbaarheid voor je voedsel

Dankbaarheid kan je relatie met eten veranderen. Door je maaltijden te waarderen, voel je je meer tevreden en verbonden met het eten.

Manieren om dankbaarheid te oefenen:

   Pauzeer voordat je gaat eten: Neem even de tijd om na te denken over waar je eten vandaan komt en de moeite die het heeft gekost om het te bereiden.

   Bedank: Spreek in stilte of hardop dankbaarheid uit voor de voeding die je maaltijd biedt.

   Geniet van het proces: Geniet van de kook- en eetervaring, niet alleen van het resultaat.

Jouw taak:

Sta voor je volgende maaltijd even stil en schrijf drie dingen op waar je dankbaar voor bent met betrekking tot je eten.

9. De langetermijnvoordelen van een mindful benadering

Als je je mindset over eten verandert, zul je merken dat er veel verandert:

Meer controle: Je eet wanneer je honger hebt en stopt wanneer je voldaan bent.

Minder stress: Schuldgevoelens en angsten rond eten zullen verdwijnen.

Betere gezondheid: Na verloop van tijd ondersteunt mindful eten een evenwichtig dieet en een gezonder gewicht.

Dieper genieten: Eten wordt een bron van plezier, niet van frustratie.

Laatste gedachten

Mindful eten gaat niet over perfectie, maar over het creëren van een doordachte, doelbewuste relatie met eten die je in staat stelt gezondere keuzes te maken. Door je bewustzijn te oefenen, je emoties te beheersen en balans te omarmen, kun je je mindset aanpassen en een levenslange basis voor welzijn leggen.

In het volgende hoofdstuk gaan we in op de financiële kant van het doorbreken van slechte gewoontes en onderzoeken we hoe je rijkdom kunt opbouwen door je geldmentaliteit te veranderen. Voor nu, blijf oefenen met "mind over plate" en vier elke kleine stap die je neemt. Je kunt het!

Hoofdstuk 7:
De cyclus van te veel uitgeven doorbreken

Welkom bij hoofdstuk 7, waar we onze focus verleggen naar financiële gewoonten. Overbesteding is een van de meest voorkomende financiële valkuilen. Het komt vaak voort uit diepere zaken zoals stress, emotionele triggers of zelfs een gebrek aan bewustzijn over waar je geld naartoe gaat.

In dit hoofdstuk help ik je de oorzaken van overbesteding te identificeren, strategieën te ontwikkelen om overbesteding tegen te gaan en een plan op te stellen om je uitgaven af te stemmen op je waarden en financiële doelen. Vergeet niet dat financiële gezondheid net zo belangrijk is als fysieke en emotionele gezondheid als het gaat om algeheel welzijn.

1. Begrijpen waarom je te veel uitgeeft

Om de cyclus van overbesteding te doorbreken, moeten we eerst de onderliggende oorzaken identificeren. Vraag jezelf af:

Veelvoorkomende redenen voor te hoge uitgaven:

   Emotionele triggers: Winkelen om met stress, verdriet, verveling of een laag zelfbeeld om te gaan.

   Sociale druk: Uitgeven om bij te blijven met vrienden, trends of maatschappelijke verwachtingen.

   Gemakscultuur: Vertrouwen op impulsaankopen of bezorgdiensten zonder de kosten in overweging te nemen.

   Gebrek aan bewustzijn: Je uitgaven niet bijhouden of beseffen hoe kleine aankopen in de loop van de tijd oplopen.

Jouw taak:

Neem 10 minuten de tijd om na te denken over je bestedingsgewoonten. Schrijf de laatste drie niet-essentiële aankopen op die je hebt gedaan. Wat was de motivatie voor deze aankopen?

2. Overbestedingspatronen herkennen

Gedrag wordt vaak bepaald door patronen, en bij overbesteding is dat niet anders. Als je weet wanneer en waar je het meest geneigd bent te veel uit te geven, kun je de cyclus doorbreken.

Gemeenschappelijke patronen:

　Tijd van de dag: Geef je 's avonds laat te veel uit als je online winkels bekijkt?

　Plaatsen: Zijn er bepaalde winkels, websites of apps waar je altijd te veel uitgeeft?

　Emotionele toestanden: Winkel je als je je down, gestrest of feestelijk voelt?

Jouw taak:

Houd een week lang elke aankoop die je doet bij. Gebruik een notitieboekje of app om te noteren wat je hebt gekocht, waar je het hebt gekocht en hoe je je op dat moment voelde. Zoek naar patronen.

3. Verander je mindset over geld

Net als met eten of bewegen, wordt je relatie met geld gevormd door je overtuigingen en houdingen. Het is tijd om die overtuigingen te herzien om gezondere financiële gewoonten te ondersteunen.

Herdefinieer veelvoorkomende geldmythes:

   Mythe: "Ik verdien het om mezelf te verwennen omdat ik hard werk."

      Waarheid: Je verdient financiële stabiliteit en gemoedsrust meer dan vluchtige voldoening.

      Mythe: "Ik begin met sparen als ik meer geld verdien".

         Waarheid: Sparen is een gewoonte, geen getal. Zelfs kleine bedragen zijn belangrijk.

Jouw taak:

Schrijf één beperkende overtuiging over geld op die je hebt. Vervang deze door een positieve, versterkende uitspraak. Bijvoorbeeld:

   Beperkende overtuiging: "Ik zal altijd slecht met geld omgaan."

   Versterkende overtuiging: "Ik leer mijn geld te beheren en word elke dag beter."

4. Bestedingsgrenzen implementeren

Om overbesteding onder controle te houden, heb je duidelijke grenzen nodig voor je uitgaven. Deze richtlijnen fungeren als vangrails die je op het juiste spoor houden zonder dat het te beperkend aanvoelt.

Strategieën om grenzen te stellen:

   De 24-uursregel: Wacht 24 uur voordat je niet-essentiële aankopen doet.

Methode met alleen contant geld: Neem elke week een vast bedrag contant op voor discretionaire uitgaven.

Stel maandelijkse limieten in: Wijs specifieke bedragen toe aan categorieën zoals uit eten gaan, entertainment of kleding.

Jouw taak:

Kies één uitgavengrens die je deze week wilt invoeren. Schrijf het op en houd je eraan. Bijvoorbeeld: "Ik zal de 24-uursregel gebruiken voor alle aankopen van meer dan $50."

5. Impulsaankopen vervangen door financiële winsten

Impulsuitgaven zijn vaak een gewoonte, maar gewoontes kunnen worden vervangen. Elke keer dat je een niet-essentiële aankoop weerstaat, kun je dat geld gebruiken voor een financieel doel.

Voorbeelden van omleiding:

Zet het bedrag dat je niet hebt uitgegeven op je spaarrekening.

Gebruik het om schulden af te betalen.

Investeer in iets zinvols, zoals een vaardigheid of ervaring die aansluit bij je waarden.

Jouw taak:

De volgende keer dat je in de verleiding komt om iets impulsiefs te kopen, pauzeer dan. Neem dat geld en zet het op een spaarrekening of gebruik het om schulden af te betalen. Houd bij hoeveel je na verloop van tijd "bespaart".

6. Breng uw uitgaven op één lijn met uw waarden

Overbesteding komt vaak voor wanneer je aankopen niet overeenkomen met wat echt belangrijk voor je is. Als je je kernwaarden identificeert, kun je prioriteit geven aan uitgaven voor dingen die je echt voldoening geven.

Stappen om uitgaven op elkaar af te stemmen:

   Identificeer je waarden: Wat is het belangrijkst voor jou - familie, gezondheid, onderwijs, ervaringen?

   Evalueer aankopen: Vraag jezelf af: "Komt deze aankoop overeen met mijn waarden?".

   Plan vooruit: Maak een budget dat je prioriteiten weergeeft.

Jouw taak:

Schrijf je top drie waarden op. Schrijf voor elke waarde één manier op waarop je je uitgaven kunt aanpassen om die waarde te weerspiegelen.

7. Tools om uw geld bij te houden en te beheren

Je financiën bijhouden is cruciaal om de cyclus van overbesteding te doorbreken. Gelukkig zijn er genoeg hulpmiddelen en technieken om je te helpen verantwoordelijk te blijven.

Aanbevolen gereedschap:

   Budgetteringsapps: Apps zoals Mint, YNAB (You Need A Budget) of EveryDollar kunnen je helpen om je uitgaven in realtime bij te houden.

Spreadsheets: Als je de voorkeur geeft aan een handmatige aanpak, maak dan een eenvoudig spreadsheet om je uitgaven in te delen en bij elkaar op te tellen.

Enveloppensysteem: Wijs geld toe aan specifieke categorieën en geef alleen uit wat er in elke envelop zit.

Jouw taak:

Kies één hulpmiddel om je uitgaven deze maand bij te houden. Begin met het invoeren van je uitgaven van de afgelopen week.

8. Tegenslagen overwinnen

Het doorbreken van financiële gewoonten kost tijd en tegenslagen horen bij het proces. De sleutel is om ervan te leren en vooruit te blijven gaan.

Tips om met tegenslagen om te gaan:

Vermijd schaamte: Erken dat uitglijders normaal zijn.

Analyseer de aanleiding: Wat leidde tot de overbesteding? Hoe kun je dit de volgende keer aanpakken?

Heroriënteer je doelen: Herinner jezelf eraan waarom je werkt aan het verbeteren van je financiële gewoonten.

Jouw taak:

Denk aan een recente tegenslag. Schrijf op wat je ervan hebt geleerd en op welke manier je in de toekomst een soortgelijke situatie anders zult aanpakken.

9. De langetermijnbeloningen van financiële discipline

De cyclus van te veel uitgeven doorbreken gaat niet alleen over geld besparen - het gaat over het creëren van vrijheid en zekerheid in je leven.

Voordelen die je zult ervaren:

   Minder stress: Geen zorgen meer over schulden of rekeningen.

   Meer sparen: Geld voor noodgevallen, doelen en kansen.

   Afstemming op waarden: Uitgeven aan wat echt belangrijk is, geeft meer voldoening.

   Rijkdom opbouwen: Financiële discipline is de basis om je rijkdom in de loop van de tijd te laten groeien.

Laatste gedachten

De cyclus van te veel uitgeven doorbreken is een reis, maar elke kleine stap die je zet brengt je dichter bij financiële vrijheid. Door je gewoontes te begrijpen, grenzen te stellen en je uitgaven af te stemmen op je waarden, bouw je aan een gezondere relatie met geld die je langetermijndoelen ondersteunt.

In het volgende hoofdstuk zullen we onderzoeken hoe je je emotionele intelligentie kunt versterken, zodat je diepere verbindingen kunt opbouwen en je emoties beter kunt beheersen. Concentreer je nu op je financiële overwinningen en vier je vooruitgang - je bouwt aan een betere toekomst!

Hoofdstuk 8: Financiële discipline opbouwen

Welkom bij hoofdstuk 8! Nu we overbesteding hebben behandeld, is het tijd om ons te richten op het cultiveren van financiële discipline. Discipline is de ruggengraat van financieel succes - het stelt je in staat om je geld bewust te beheren, onnodige schulden te vermijden en consequent en vol vertrouwen naar je financiële doelen toe te werken.

In dit hoofdstuk leid ik je door de praktische stappen om financiële discipline op te bouwen, zodat je toegewijd kunt blijven aan je plan, zelfs wanneer verleidingen de kop opsteken. Met de juiste hulpmiddelen, mindset en strategieën leer je hoe je je financiën onder controle kunt houden in plaats van ze jou te laten beheersen.

1. Financiële discipline begrijpen

Financiële discipline gaat niet over ontbering, maar over het prioriteren van je behoeften en langetermijndoelen boven impulsieve verlangens. Het betekent weloverwogen beslissingen nemen over hoe je verdient, uitgeeft, spaart en investeert.

De voordelen van financiële discipline:

   Gemoedsrust: Je hebt het gevoel dat je je financiën onder controle hebt.

   Doelen bereiken: Consistente inspanningen brengen je dichter bij financiële mijlpalen.

   Rijkdom opbouwen: Discipline laat je geld groeien door sparen en beleggen.

Jouw taak:

Neem even de tijd om te definiëren wat financiële discipline voor jou betekent. Schrijf één langetermijnvoordeel op dat je hoopt te bereiken door deze vaardigheid te ontwikkelen.

2. Duidelijke financiële doelen stellen

Discipline wordt gemakkelijker als je weet waar je naartoe werkt. Duidelijke, specifieke doelen zorgen voor motivatie en richting.

Stappen om financiële doelen te stellen:

   Bepaal je prioriteiten: Wat is het belangrijkst - schulden aflossen, sparen voor een huis of een noodfonds opbouwen?

   Wees specifiek: Vage doelen leiden tot vage resultaten. In plaats van "meer geld besparen", streef je naar "5.000 dollar besparen in 12 maanden".

   Stel een tijdlijn op: Deadlines creëren urgentie en helpen je de voortgang bij te houden.

   Break It Down: Verdeel grote doelen in kleinere, beheersbare mijlpalen.

Jouw taak:

Schrijf één financieel doel op korte termijn (3-6 maanden) en één financieel doel op lange termijn (1+ jaar) op. Wees zo specifiek mogelijk.

3. Een realistisch budget opstellen

Een budget is je routekaart naar financiële discipline. Het zorgt ervoor dat je je inkomen verdeelt op een manier die in lijn is met je doelen.

Belangrijkste onderdelen van een budget:

Vaste kosten: Huur, nutsvoorzieningen, verzekeringen en andere terugkerende kosten.

Variabele uitgaven: Boodschappen, vervoer, entertainment.

Sparen: Streef ernaar om, indien mogelijk, minstens 20% van je inkomen te sparen.

Schuld aflossen: Geef prioriteit aan het afbetalen van hoge renteschulden.

Jouw taak:

Maak een eenvoudig budget voor de komende maand. Gebruik een app, spreadsheet of pen en papier. Neem alle inkomsten en uitgaven op en zorg ervoor dat je geld toewijst aan besparingen en doelen.

4. Uitgestelde bevrediging oefenen

Discipline vereist vaak het weerstaan van de drang naar onmiddellijke beloningen. Uitgestelde bevrediging is het vermogen om korte-termijn pleziertjes op te geven voor lange-termijn winst.

Hoe uitgestelde bevrediging te oefenen:

Visualiseer de toekomst: Herinner jezelf eraan hoe de offers van vandaag leiden tot het succes van morgen.

Stel een wachtperiode in: Wacht voordat je niet-essentiële aankopen doet 24 uur of langer om te zien of je het nog steeds wilt hebben.

Beloon jezelf strategisch: Vier mijlpalen met geplande beloningen, niet met impulsieve uitspattingen.

Jouw taak:

Identificeer één gebied waar je deze week kunt oefenen met uitgestelde bevrediging. Sla bijvoorbeeld uit eten gaan over en zet dat geld in plaats daarvan in je spaardoel.

5. Een noodfonds opbouwen

Een noodfonds is een hoeksteen van financiële discipline. Het voorkomt dat onverwachte uitgaven je vooruitgang doen ontsporen of je in de schulden duwen.

Stappen om een noodfonds op te bouwen:

Stel een doel: streef naar 3-6 maanden aan essentiële uitgaven.

Begin klein: Zelfs $500-$1.000 kan een groot verschil maken.

Automatiseer sparen: Stel een terugkerende overschrijving in naar een speciale spaarrekening.

Jouw taak:

Als je nog geen noodfonds hebt, open dan een aparte rekening voor dit doel. Bepaal hoeveel je elke maand kunt bijdragen en stel een automatische overschrijving in.

6. Impulsieve uitgaven onder controle houden

Impulsaankopen zijn een van de grootste bedreigingen voor financiële discipline. Als je leert deze neigingen onder controle te houden, blijf je op koers.

Tips om impulsieve uitgaven te beperken:

   Gebruik alleen contant geld: Neem tijdens het winkelen alleen het geld mee dat je van plan bent uit te geven.

   Uitschrijven: Verwijder jezelf van e-maillijsten of apps die verkoop en kortingen promoten.

   Vraag jezelf af: "Heb ik dit nodig, of wil ik het gewoon hebben?"

Jouw taak:

De volgende keer dat je de drang voelt om een impulsaankoop te doen, pauzeer dan en schrijf het artikel op en de reden waarom je het wilt hebben. Wacht minstens 24 uur voordat je beslist.

7. Uw financieel plan automatiseren

Automatisering haalt het giswerk uit de financiële discipline. Door sparen, rekeningen betalen en beleggen te automatiseren, verklein je het risico dat je iets vergeet of te veel uitgeeft.

Automatiseringstips:

   Sparen: Stel een directe storting of terugkerende overschrijving naar je spaarrekening in.

Rekeningen: Automatiseer betalingen om laattijdige kosten te vermijden.

Investeringen: Gebruik een app of brokerage om elke maand een vast bedrag te investeren.

Jouw taak:

Bepaal één aspect van je financiën om deze week te automatiseren, zoals sparen of rekeningen betalen.

8. Financiële tegenslagen overwinnen

Zelfs met de beste bedoelingen gebeurt er iets. De sleutel is om te leren van tegenslagen en je plan aan te passen zonder op te geven.

Stappen om terug te komen:

Beoordeel de schade: Hoeveel invloed had de tegenslag op je financiën?

Pas je plan aan: Herzie je budget en doelen om rekening te houden met de tegenslag.

Blijf positief: Focus op vooruitgang, niet op perfectie.

Jouw taak:

Denk aan een financiële tegenslag in het verleden. Schrijf op wat je van die ervaring hebt geleerd en hoe je die les in de toekomst kunt toepassen.

9. Uw financiële denkwijze versterken

Financiële discipline heeft evenveel te maken met mentaliteit als met strategie. Het cultiveren van een gedisciplineerde mindset helpt je om toegewijd te blijven, zelfs als de reis uitdagend voelt.

Mindset-tips:

- Vier de vooruitgang: Erken je overwinningen, hoe klein ook.

- Blijf op de hoogte: Leer meer over persoonlijke financiën via boeken, podcasts of cursussen.

- Oefen dankbaarheid: Richt je op wat je hebt, niet op wat je mist.

Jouw taak:

Schrijf deze week elke dag één financieel succes op dat je hebt behaald, hoe klein ook. Bijvoorbeeld: "Ik heb vandaag geen koffie gekocht en $5 bespaard."

10. De beloningen van financiële discipline

Als je consequent financiële discipline aan de dag legt, zul je beloningen ervaren die veel verder gaan dan cijfers op een bankrekening.

Voordelen op lange termijn:

- Vrijheid: Minder financiële zorgen betekent meer mogelijkheden om te doen waar je van houdt.

- Veiligheid: Een noodfonds en spaargeld zorgen voor gemoedsrust.

- Groei: Door je geld te beleggen, kan het na verloop van tijd voor je werken.

- Zelfvertrouwen: Doelen bereiken geeft zelfvertrouwen en een gevoel van voldoening.

Laatste gedachten

Het opbouwen van financiële discipline is een reis, geen bestemming. Door duidelijke doelen te stellen, je geld bewust te beheren en toegewijd te blijven aan je plan, creëer je een basis voor blijvend financieel succes.

In het volgende hoofdstuk gaan we dieper in op emotionele intelligentie en de rol daarvan bij het doorbreken van slechte gewoontes. Voor nu, richt je op je financiële overwinningen en blijf vooruit gaan - je toekomstige zelf zal je dankbaar zijn!

Hoofdstuk 9:
De rijkdom mindset

Welkom bij hoofdstuk 9! In dit hoofdstuk verdiepen we ons in het transformerende concept van de welvaartsmentaliteit. Rijkdom gaat niet alleen over het geld op je bankrekening, het is een manier van denken, een reeks overtuigingen en een gedisciplineerde aanpak om welvaart te creëren en te behouden. Het ontwikkelen van een welvaartsmentaliteit verlegt je focus van schaarste en kortetermijnbevrediging naar overvloed en langetermijngroei.

In dit hoofdstuk begeleid ik je bij het herdefiniëren van beperkende overtuigingen, het aannemen van gewoonten die in lijn zijn met financiële groei en het nemen van praktische stappen om een mindset te cultiveren die zowel financieel als persoonlijk succes bevordert.

1. Wat is een Wealth Mindset?

Een welvaartsmentaliteit is een levenshouding en -benadering die gericht is op kansen, overvloed en groei. Het gaat er niet om rijk geboren te worden of direct rijk te worden, maar om te denken en je te gedragen op een manier die na verloop van tijd op natuurlijke wijze leidt tot financieel succes.

De kernprincipes van een welvaartsmentaliteit:

   Overvloed boven schaarste: Geloven dat er genoeg is voor iedereen, ook voor jou, elimineert afgunst en stimuleert creatieve probleemoplossing.

   Groei boven vaststaand denken: Uitdagingen zien als kansen om te leren en te groeien, niet als onoverkomelijke obstakels.

   Focus op de lange termijn: Investeringen, besparingen en strategische beslissingen laten prevaleren boven vluchtige pleziertjes.

Eigenaarschap nemen: Erkennen dat je financiële toekomst afhangt van je eigen acties, niet van externe omstandigheden.

Jouw taak:

Schrijf op wat rijkdom voor jou betekent naast geld. Is het vrijheid, veiligheid, de mogelijkheid om gul te geven, of iets anders?

2. Beperkende overtuigingen over geld herkaderen

Beperkende overtuigingen over geld zijn mentale blokkades die je kunnen weerhouden van financieel succes. Deze overtuigingen zijn vaak geworteld in jeugdervaringen of maatschappelijke boodschappen. Om een welvaartsmentaliteit aan te nemen, moet je deze beperkende gedachten identificeren en herkaderen.

Veel voorkomende beperkende overtuigingen:

"Geld is de wortel van alle kwaad."

Reframe: "Geld is een instrument dat positieve verandering kan creëren in mijn leven en dat van anderen."

"Ik ben gewoon slecht met geld."

Herformuleren: "Ik leer elke dag mijn financiën beter te beheren."

"Rijkdom is voor gelukkige mensen, niet voor mij."

Reframe: "Rijkdom wordt opgebouwd door consistente inspanning en slimme keuzes, en ik ben tot beide in staat."

Jouw taak:

Schrijf één beperkende overtuiging op die je hebt over geld. Herformuleer die dan in een positieve, bekrachtigende uitspraak.

3. Gewoonten cultiveren voor een welvaartsmentaliteit

Een welvaartsmentaliteit gaat niet alleen over wat je denkt, maar ook over wat je consequent doet. Gewoonten zijn de bouwstenen van succes en kleine dagelijkse handelingen kunnen na verloop van tijd leiden tot aanzienlijke financiële groei.

Gewoonten voor het opbouwen van rijkdom:

Dagelijkse dankbaarheid: Begin of eindig je dag met het opschrijven van drie dingen waar je dankbaar voor bent. Dankbaarheid verlegt je focus van gebrek naar overvloed.

Houd je financiën bij: Bekijk regelmatig uw inkomsten, uitgaven en spaargeld om op de hoogte en in controle te blijven.

Investeer in jezelf: Besteed tijd en middelen aan persoonlijke en professionele groei, zoals het leren van nieuwe vaardigheden of netwerken.

Leer meer over geld: Lees boeken, luister naar podcasts of volg cursussen over persoonlijke financiën en beleggen.

Jouw taak:

Kies deze week één nieuwe gewoonte om rijkdom op te bouwen. Schrijf op hoe je het gaat toepassen en beloof het dagelijks te doen.

4. Focus verleggen van uitgeven naar investeren

Een welvaartsmentaliteit geeft prioriteit aan investeren boven uitgeven. Uitgeven geeft voldoening op korte termijn, maar investeren zorgt voor rijkdom en zekerheid op lange termijn. Dit betekent niet alleen financiële investeringen, maar ook investeringen in je vaardigheden, gezondheid en relaties.

Soorten beleggingen:

Financiële investeringen: Aandelen, onroerend goed, beleggingsfondsen of het starten van een bedrijf.

Zelfontwikkeling: Onderwijs, certificeringen of persoonlijke coaching.

Relaties: Betekenisvolle connecties opbouwen die je leven verrijken en deuren openen.

Jouw taak:

Identificeer één gebied in je leven waar je de focus kunt verleggen van uitgeven naar investeren. Bijvoorbeeld, in plaats van nieuwe kleren te kopen, investeer in een online cursus om je carrière vooruit te helpen.

5. Geduld en uitgestelde bevrediging oefenen

De welvaartsmentaliteit omarmt geduld. Vermogensopbouw is een marathon, geen sprint, en uitgestelde bevrediging is essentieel voor het bereiken van grote financiële doelen.

Hoe uitgestelde bevrediging te oefenen:

Visuele doelen stellen: Gebruik visieborden of apps om je financiële doelen voor ogen te houden.

Vier mijlpalen: Beloon jezelf voor het bereiken van mijlpalen op het gebied van sparen of beleggen met geplande, bescheiden traktaties.

Denk aan je "Waarom": Blijf jezelf herinneren aan het grotere geheel - vrijheid, veiligheid of het nalaten van een erfenis.

Jouw taak:

Schrijf een financieel offer op korte termijn op dat je bereid bent te brengen voor een doel op lange termijn. Bijvoorbeeld: "Ik zal deze maand minder uit eten gaan om $300 te sparen voor mijn noodfonds."

6. Jezelf omringen met de juiste invloeden

Je omgeving speelt een belangrijke rol bij het vormen van je mindset. Omring jezelf met mensen, middelen en invloeden die je inspireren en je financiële groei ondersteunen.

Tips voor een rijkdom-positieve omgeving:

Word lid van gemeenschappen: Kom in contact met gelijkgestemden in persoonlijke financiële of investeringsgroepen.

Zoek mentoren: Leer van degenen die financieel succes hebben behaald.

Beperk negatieve invloeden: Verminder de blootstelling aan mensen of media die overmatige uitgaven of schaarste promoten.

Jouw taak:

Zoek deze week een nieuwe inspiratiebron - een boek, podcast of community - die aansluit bij de welvaartsmentaliteit.

7. De rol van vrijgevigheid in de wereld van rijkdom

Rijkdom gaat niet alleen over accumulatie, het gaat over het gebruik van je middelen om een positieve impact te hebben. Vrijgevigheid bevordert overvloed door te benadrukken dat er altijd genoeg is om te geven.

Manieren om vrijgevigheid te beoefenen:

Tijd: Doe vrijwilligerswerk voor doelen waar je om geeft.

Kennis: Deel financiële tips of advies met anderen.

Geld: Doneer aan goede doelen, fondsenwervers of mensen in nood.

Jouw taak:

Zet je deze week in voor één daad van vrijgevigheid. Het hoeft niet financieel te zijn - tijd of kennis zijn even waardevol.

8. Vooruitgang meten en successen vieren

Het ontwikkelen van een welvaartsmentaliteit is een doorlopend proces en het is essentieel om je vooruitgang onderweg te erkennen. Het vieren van kleine overwinningen houdt je gemotiveerd en versterkt positieve gewoonten.

Tips voor het meten van vooruitgang:

Netto vermogen bijhouden: Bekijk regelmatig je bezittingen en schulden.

Stel mijlpalen: Verdeel langetermijndoelen in kleinere prestaties.

Denk na over groei: Neem de tijd om te erkennen hoe ver je bent gekomen.

Jouw taak:

Bekijk je financiële vooruitgang van de afgelopen maand. Schrijf één gebied op waar je je hebt verbeterd en één kleine overwinning die je kunt vieren.

9. De langetermijnimpact van een vermogensmindset

Een welvaartsmentaliteit verandert niet alleen je financiën, maar ook je leven. Het opent mogelijkheden, vermindert stress en stelt je in staat om doelgericht en intentioneel te leven.

Voordelen van een Wealth Mindset:

   Financiële zekerheid: Een stabiele basis voor de onzekerheden van het leven.

   Keuzevrijheid: De mogelijkheid om je passies na te streven zonder financiële beperkingen.

   Nalatenschap opbouwen: Kansen creëren voor toekomstige generaties.

Laatste gedachten

Het cultiveren van een welvaartsmentaliteit is een van de krachtigste veranderingen die je in je leven kunt maken. Door je overtuigingen te herzien, gewoonten aan te nemen die rijkdom opbouwen en je te richten op groei op de lange termijn, bereik je niet alleen financieel succes, maar creëer je ook een leven van overvloed en doelgerichtheid.

In het volgende hoofdstuk gaan we dieper in op emotionele intelligentie: hoe het beheersen van je emoties je kan helpen slechte gewoontes te doorbreken, betere relaties op te bouwen en meer succes te boeken op elk gebied van het leven. Ga zo door - je bent op weg naar een rijkere, meer bevredigende toekomst!

Hoofdstuk 10: Emotionele intelligentie (EQ) begrijpen

Welkom bij hoofdstuk 10, waar we ons richten op emotionele intelligentie (EQ), een essentiële vaardigheid voor persoonlijke groei en succes. EQ wordt vaak omschreven als het vermogen om je emoties te herkennen, te begrijpen en te beheersen terwijl je ook de emoties van anderen begrijpt en beïnvloedt. Terwijl IQ de cognitieve intelligentie meet, bepaalt EQ hoe goed je omgaat met relaties, omgaat met stress en beslissingen neemt - belangrijke factoren in het omkeren van slechte gewoontes en het opbouwen van een meer intentioneel leven.

In dit hoofdstuk help ik je te begrijpen wat de componenten van EQ zijn, hoe je je huidige emotionele intelligentie kunt beoordelen en hoe je deze kunt verbeteren.

1. Wat is Emotionele Intelligentie (EQ)?

Emotionele intelligentie is de basis voor effectieve communicatie, besluitvorming en veerkracht. Mensen met een hoog EQ hebben de neiging om hun leven beter te managen, of het nu gaat om relaties, werk of persoonlijke gewoonten.

De vijf kerncomponenten van EQ:

Zelfbewustzijn: Je emoties herkennen en begrijpen hoe ze je gedachten en gedrag beïnvloeden.

Zelfregulatie: Impulsieve gevoelens en gedragingen onder controle houden, kalm blijven en zich aanpassen aan veranderende omstandigheden.

Motivatie: Gedreven blijven om doelen te bereiken ondanks tegenslagen.

Empathie: Het begrijpen en delen van de gevoelens van anderen, het bevorderen van verbinding en medeleven.

Sociale vaardigheden: Gezonde relaties opbouwen, conflicten oplossen en anderen effectief beïnvloeden.

Jouw taak:

Denk na over een recente emotionele reactie die je had. Schrijf de situatie op, je gevoelens en hoe het je gedrag beïnvloedde. Identificeer welke component van het EQ in het spel was.

2. Waarom EQ van belang is bij het omkeren van slechte gewoontes

Je emotionele toestand bepaalt vaak je gewoontes - of het nu gaat om stress-eten, uitstellen of het vermijden van moeilijke gesprekken. Door je EQ te verbeteren, krijg je de tools in handen om emotionele triggers te herkennen en doordacht te reageren in plaats van reactief.

Voorbeelden van EQ in actie:

Zelfbewustzijn: Identificeren dat verveling je ertoe aanzet om gedachteloos te snacken.

Zelfregulering: De impuls weerstaan om een emotionele aankoop te doen na een stressvolle dag.

Empathie: De gevoelens van je partner begrijpen, wat leidt tot gezondere communicatie in plaats van conflicten.

Jouw taak:

Identificeer één gewoonte die je wilt doorbreken. Vraag jezelf af: "Welke emoties drijven dit gedrag?" Schrijf je gedachten op.

3. Je emotionele intelligentie beoordelen

Om je EQ te verbeteren, moet je eerst begrijpen waar je nu staat. Het beoordelen van je sterke en zwakke punten in elk onderdeel zal een routekaart voor groei opleveren.

Zelfbeoordelingsvragen:

　Zelfbewustzijn: Hoe goed begrijp ik mijn emoties? Kan ik ze nauwkeurig benoemen?

　Zelfregulatie: Hoe vaak handel ik impulsief? Kan ik kalm blijven onder druk?

　Motivatie: Stel ik zinvolle doelen en bereik ik die?

　Empathie: Hoe vaak houd ik rekening met de gevoelens van anderen voordat ik handel?

　Sociale vaardigheden: Communiceer ik effectief en los ik conflicten constructief op?

Jouw taak:

Beoordeel jezelf op een schaal van 1 tot 10 voor elk EQ-onderdeel. Markeer de gebieden die je wilt verbeteren.

4. Zelfbewustzijn ontwikkelen

Zelfbewustzijn is de hoeksteen van emotionele intelligentie. Als je je bewust bent van je emoties, kun je de impact ervan begrijpen en de controle nemen over je acties.

Hoe zelfbewustzijn opbouwen:

   Houd een dagboek bij: Schrijf dagelijks je emoties op en de situaties die ze hebben veroorzaakt.

   Pauzeer en denk na: Als je een sterke emotie voelt, neem dan even de tijd om die te identificeren voordat je reageert.

   Zoek feedback: Vraag betrouwbare vrienden of collega's hoe zij jouw emotionele reacties waarnemen.

 Jouw taak:

Breng een week door met het bijhouden van je emoties. Let op patronen - zijn er specifieke triggers die leiden tot frustratie, verdriet of vreugde?

5. Zelfregulering onder de knie krijgen

Zelfregulatie houdt in dat je je emoties effectief beheert, zodat ze je acties niet dicteren. Het is het vermogen om stil te staan, na te denken en je reactie bewust te kiezen.

Technieken voor betere zelfregulatie:

   Ademhalingsoefeningen: Oefen een diepe ademhaling om jezelf te kalmeren tijdens stressvolle situaties.

   Reframe negatieve gedachten: Vervang "Ik zal nooit slagen" door "Ik leer en word beter".

   Stel grenzen: Vermijd omgevingen of situaties die tot emotionele triggers leiden.

Jouw taak:

Identificeer één situatie waarin je geneigd bent impulsief te reageren. Plan een specifieke strategie om je emoties de volgende keer te reguleren.

6. Empathie opbouwen

Empathie versterkt relaties door je te helpen anderen te begrijpen en je met hen te verbinden. Het stelt je in staat om situaties vanuit hun perspectief te zien en met mededogen te reageren.

Empathie ontwikkelen:

   Actief luisteren: Richt je volledig op wat de ander zegt zonder te onderbreken of je reactie te plannen.

   Stel vragen: Probeer te begrijpen, niet te oordelen. Bijvoorbeeld: "Wat is de laatste tijd een uitdaging voor je geweest?"

   Oefen het innemen van perspectief: Stel jezelf voor in de situatie van de ander.

Jouw taak:

Voer deze week een gesprek waarin je je volledig concentreert op luisteren en het perspectief van de ander begrijpen. Denk na over hoe je je daarbij voelde.

7. Motivatie verbeteren

Motivatie is wat je in beweging houdt, zelfs wanneer er zich uitdagingen voordoen. Hoog-kwalitatieve individuen blijven gedreven door hun acties af te stemmen op hun waarden en doelen.

Tips om motivatie te verbeteren:

   Stel duidelijke doelen: Zorg ervoor dat je doelen specifiek, meetbaar, haalbaar, relevant en tijdgebonden (SMART) zijn.

   Visualiseer succes: Stel je regelmatig voor hoe het bereiken van je doel eruit zal zien en zal voelen.

   Houd de voortgang bij: Vier kleine successen om de vaart erin te houden.

Jouw taak:

Schrijf een langetermijndoel op en drie kortetermijnstappen die je deze week neemt om daar naartoe te werken.

8. Sociale vaardigheden verbeteren

Sterke sociale vaardigheden zijn essentieel voor het opbouwen van gezonde relaties en het oplossen van conflicten. Ze stellen je in staat om effectief te communiceren en samenwerking te bevorderen.

Sociale vaardigheden verbeteren:

   Oefen duidelijke communicatie: Gebruik "ik"-uitspraken om gevoelens en behoeften uit te drukken zonder anderen de schuld te geven.

   Leer conflictoplossing: Richt je op oplossingen in plaats van op problemen.

   Toon waardering: Erken de bijdragen van anderen en spreek je dankbaarheid uit.

Jouw taak:

Identificeer één relatie waarin de communicatie kan verbeteren. Oefen één nieuwe vaardigheid, zoals actief luisteren of waardering uitspreken, in je volgende interactie.

9. De voordelen van een hoog EQ

Als je je emotionele intelligentie versterkt, zul je op elk gebied van je leven positieve veranderingen zien:

   Sterkere relaties: Verbeterde communicatie en empathie leiden tot diepere banden.

   Beter beslissingen nemen: Emoties vertroebelen niet langer je beoordelingsvermogen.

   Veerkracht: Je komt vol vertrouwen terug van tegenslagen.

   Gezondere gewoonten: Je gaat effectiever om met triggers, waardoor je minder afhankelijk wordt van ongezonde copingmechanismen.

Jouw taak:

Denk na over hoe het verbeteren van je EQ je leven positief zou kunnen beïnvloeden. Schrijf één specifiek gebied op waar je groei zou willen zien.

Laatste gedachten

Het begrijpen en verbeteren van je emotionele intelligentie is een van de meest waardevolle investeringen die je in jezelf kunt doen. EQ helpt je niet alleen om je emoties te beheersen, het stelt je ook in staat om uitdagingen aan te gaan, betekenisvolle relaties op te bouwen en blijvende veranderingen in je leven te creëren.

In het volgende hoofdstuk brengen we het allemaal samen door te onderzoeken hoe deze strategieën voor emotionele intelligentie, financiële discipline en het doorbreken van gewoontes een holistische transformatie teweeg kunnen brengen. Je doet ongelooflijk werk - ga zo door!

Hoofdstuk 11: Reactiviteit vervangen door respons

Welkom bij hoofdstuk 11! In dit hoofdstuk behandelen we een vaardigheid die je relaties, besluitvorming en algehele levenstevredenheid drastisch kan verbeteren: reactiviteit vervangen door doordachte respons. Reactiviteit is een reflexieve, emotionele reactie op een stimulus, vaak geworteld in gewoonte of stress. Een reactie daarentegen is een weloverwogen en doelbewuste actie die je onderneemt na een doordachte overweging.

Het doorbreken van de cyclus van reactiviteit stelt je in staat om weer controle te krijgen over je acties, je interacties met anderen te verbeteren en gewoonten te cultiveren die in lijn zijn met je langetermijndoelen. Laten we eens kijken hoe je deze essentiële vaardigheid kunt ontwikkelen.

1. Het verschil tussen reactiviteit en respons

Reactiviteit komt vaak voort uit emotionele triggers, stress of ingesleten gewoonten. Het is impulsief en leidt vaak tot spijt of gemiste kansen. Reacties daarentegen zijn gebaseerd op bewustzijn en intentie.

Kenmerken van reactiviteit:

    Snelle, overhaaste acties.

    Gedreven worden door sterke emoties (woede, angst, frustratie).

    Laat conflicten vaak escaleren of verergert situaties.

    Laat weinig ruimte voor kritisch denken of creativiteit.

Kenmerken van de respons:

- Doordachte en weloverwogen acties.
- Geworteld in zelfbewustzijn en emotionele regulatie.
- Richt zich op het oplossen van problemen en positieve resultaten.
- Versterkt relaties en bouwt vertrouwen op.

Jouw taak:

Denk aan een recente situatie waarin je impulsief reageerde. Schrijf op wat er gebeurde, hoe je je voelde en wat het resultaat was. Stel je vervolgens voor hoe de situatie had kunnen aflopen als je in plaats daarvan had gereageerd.

2. Emotionele triggers herkennen

De eerste stap in het vervangen van reactiviteit door respons is identificeren wat je activeert. Emotionele triggers zijn prikkels die sterke, vaak automatische reacties oproepen.

Veel voorkomende triggers:

- Externe triggers: Kritiek, afwijzing, stressvolle omgevingen.
- Interne triggers: Zelftwijfel, faalangst, ervaringen uit het verleden.

Hoe je je triggers kunt identificeren:

- Journaliseer je reacties: Houd een logboek bij van momenten waarop je voelt dat je impulsief reageert. Noteer wat je triggerde en hoe je je voelde.

Reflecteer op patronen: Zoek naar terugkerende thema's in je reacties.

   Let op lichamelijke signalen: Let op lichamelijke sensaties zoals een hartkloppingen, gebalde vuisten of een gespannen borstkas - ze duiden vaak op emotionele activering.

Jouw taak:

Identificeer één emotionele trigger en beschrijf hoe die gewoonlijk je gedrag beïnvloedt. Denk na over waarom deze trigger je beïnvloedt en welke onderliggende emoties hij bij je oproept.

3. De pauze oefenen

De pauze is je krachtigste hulpmiddel om van reactie naar antwoord te gaan. Het creëert ruimte voor bewustzijn en opzettelijke actie.

Hoe de pauze te oefenen:

   Haal adem: Haal op momenten van emotionele intensiteit drie keer langzaam en diep adem om je zenuwstelsel te kalmeren.

   Label je emotie: Benoem wat je voelt (bijv. "Ik voel me gefrustreerd") om je zelfbewustzijn te vergroten.

   Stel een vraag: Vraag jezelf voordat je handelt af: "Wat wil ik in deze situatie bereiken?"

Jouw taak:

De volgende keer dat je voelt dat je gaat reageren, oefen dan de pauze. Schrijf op wat je deed en hoe het de uitkomst beïnvloedde.

4. Negatieve gedachten herkaderen

Reactiviteit wordt vaak gevoed door negatieve of vervormde denkpatronen. Door te leren deze gedachten te herkaderen, kun je je perspectief veranderen en effectiever reageren.

Veelvoorkomende negatieve gedachtepatronen:

Catastroferen: De slechtst mogelijke uitkomst verwachten.

Herformuleren: "Wat is de meest waarschijnlijke uitkomst en hoe kan ik me daarop voorbereiden?"

Personalisatie: Veronderstellen dat de acties van anderen over jou gaan.

Reframe: "Dit gaat niet over mij, het weerspiegelt hun gemoedstoestand."

Zwart-wit denken: Situaties bekijken als goed of slecht.

Reframe: "Er zijn grijstinten - wat is de middenweg?"

Jouw taak:

Schrijf een recente negatieve gedachte op en zet die om in een constructief of neutraal perspectief.

5. Emotionele veerkracht opbouwen

Emotionele veerkracht helpt je kalm en beheerst te blijven bij uitdagingen, waardoor de kans op reactief gedrag afneemt.

Strategieën voor het opbouwen van veerkracht:

   Beoefen Mindfulness: Regelmatige meditatie of mindfulnessoefeningen verhogen je bewustzijn van gedachten en emoties.

   Ontwikkel copingstrategieën: Beschik over de juiste technieken, zoals het bijhouden van een dagboek, sporten of praten met een vriend(in), om emoties op een constructieve manier te verwerken.

   Koester optimisme: Richt je op oplossingen in plaats van op problemen.

Jouw taak:

Neem deze week één veerkrachtopbouwende activiteit op in je dagelijkse routine. Begin bijvoorbeeld elke dag met een mindfulnessoefening van 5 minuten.

6. Doordacht communiceren

Reactiviteit kan relaties schaden, terwijl doordachte communicatie begrip en verbondenheid bevordert. Jezelf duidelijk en respectvol leren uitdrukken is een belangrijk onderdeel van reageren in plaats van reageren.

Tips voor doordachte communicatie:

   Gebruik "ik"-verklaringen: Richt je op je gevoelens en behoeften (bijv. "Ik voel me gekwetst als...").

   Actief luisteren: Besteed volledige aandacht aan de andere persoon zonder je reactie te plannen terwijl hij of zij spreekt.

Focus op oplossingen: In plaats van schuldigen aan te wijzen, werk samen om het probleem op te lossen.

Jouw taak:

De volgende keer dat je een moeilijk gesprek hebt, oefen dan met "ik"-uitspraken en actief luisteren. Denk na over hoe dit de interactie heeft beïnvloed.

7. Zelfcompassie beoefenen

Reactiviteit komt vaak voort uit zelfkritiek of gevoelens van ontoereikendheid. Het beoefenen van zelfcompassie helpt je om jezelf met vriendelijkheid en geduld te behandelen, waardoor het gemakkelijker wordt om constructief te reageren.

Hoe zelfcompassie te beoefenen:

   Erken je menselijkheid: Herinner jezelf eraan dat iedereen fouten maakt en voor uitdagingen komt te staan.

   Daag zelfkritiek uit: Vervang harde oordelen door ondersteunende gedachten.

   Zorg goed voor jezelf: Geef prioriteit aan activiteiten die je lichaam en geest voeden.

Jouw taak:

Schrijf een recente fout op die je hebt gemaakt. In plaats van jezelf te bekritiseren, schrijf een vriendelijk en begripvol bericht aan jezelf, alsof je tegen een vriend praat.

8. Gewoonten van reactiviteit vervangen

De gewoonte van reactiviteit doorbreken vereist consistentie en opzettelijke oefening. Hoe vaker je doordachte reacties kiest, hoe vanzelfsprekender het zal worden.

Stappen om reactiviteit te vervangen:

Identificeer reactieve patronen: Let op specifieke situaties waarin je vaak impulsief reageert.

Nieuwe scripts maken: Ontwikkel bewuste reacties op veelvoorkomende triggers.

Oefen regelmatig: Gebruik situaties met weinig inzet om doordachte reacties te oefenen.

Jouw taak:

Kies één reactieve gewoonte die je wilt veranderen. Schrijf een nieuw script of antwoord op dat je de volgende keer zult gebruiken als de situatie zich voordoet.

9. De voordelen op lange termijn van doordachte reacties

Als je reactiviteit vervangt door respons, zul je op veel gebieden in je leven verbeteringen zien:

Sterkere relaties: Anderen zullen uw weloverwogen aanpak vertrouwen en respecteren.

Betere beslissingen: Doordachte acties leiden tot effectievere resultaten.

Minder stress: Je hebt meer controle over je emoties en gedrag.

    Verbeterd zelfvertrouwen: Doordacht reageren versterkt het gevoel van persoonlijke zelfredzaamheid.

Laatste gedachten

Leren om reactiviteit te vervangen door respons is een transformatieve vaardigheid die je een leven lang van pas zal komen. Door zelfbewustzijn te oefenen, veerkracht op te bouwen en doordachte communicatie te ontwikkelen, neem je controle over je acties en creëer je positievere resultaten op elk gebied van je leven.

In het volgende hoofdstuk onderzoeken we hoe we deze veranderingen kunnen volhouden en hoe we alle lessen uit dit boek kunnen integreren in een uitgebreid plan voor succes op de lange termijn. Ga zo door - je beheerst de kunst van intentioneel leven!

Hoofdstuk 12: Relaties versterken door Emotionele Intelligentie (EQ)

In dit hoofdstuk onderzoeken we hoe emotionele intelligentie (EQ) je relaties kan veranderen, of het nu gaat om relaties met familie, vrienden, collega's of romantische partners. Relaties gedijen goed als ze gebaseerd zijn op vertrouwen, empathie en effectieve communicatie - belangrijke vaardigheden die je met EQ onder de knie kunt krijgen. Het versterken van je relaties gaat niet alleen over het vermijden van conflicten, maar ook over het creëren van diepere verbindingen die je leven verrijken en je persoonlijke groei ondersteunen.

Laten we eens duiken in praktische strategieën om EQ te gebruiken om betekenisvolle relaties te koesteren en te onderhouden.

1. De rol van EQ in relaties

Emotionele intelligentie legt de basis voor sterke relaties. Als je je eigen emoties en die van anderen begrijpt, kun je uitdagingen met mededogen en helderheid aanpakken.

Waarom EQ belangrijk is:

Zelfbewustzijn: Helpt je om je emotionele behoeften te begrijpen en effectief te communiceren.

Empathie: Stelt je in staat om dingen vanuit het perspectief van een ander te zien, wat wederzijds begrip bevordert.

Zelfregulering: Stelt je in staat om kalm en constructief te blijven tijdens conflicten.

Sociale vaardigheden: Verbetert je vermogen om een goede verstandhouding op te bouwen, geschillen op te lossen en gezonde grenzen te handhaven.

Jouw taak:

Denk aan een relatie die je wilt verbeteren. Schrijf op hoe de vijf componenten van EQ zouden kunnen helpen in die specifieke dynamiek.

2. Emotioneel bewustzijn in relaties cultiveren

Zelfbewustzijn is het startpunt voor het versterken van relaties. Inzicht in je emotionele patronen stelt je in staat om authentieker en effectiever met anderen om te gaan.

Hoe emotioneel bewustzijn cultiveren:

   Ga bij jezelf te rade: Neem voordat je een moeilijk gesprek aangaat even de tijd om je emoties en motivaties te identificeren.

   Emotionele patronen in de gaten houden: Merk op hoe bepaalde mensen of situaties je consequent laten voelen.

   Deel je gevoelens op een constructieve manier: Gebruik "ik"-uitspraken om emoties uit te drukken zonder schuldigen aan te wijzen (bijv. "Ik voel me overweldigd als plannen plotseling veranderen.").

Jouw taak:

Volg een week lang je emotionele reacties tijdens interacties met anderen. Identificeer één geval waarin een groter zelfbewustzijn het resultaat had kunnen verbeteren.

3. Empathie ontwikkelen voor diepere verbindingen

Empathie is de brug naar het begrijpen van de perspectieven en gevoelens van anderen. Als mensen zich begrepen voelen, zullen ze je eerder vertrouwen en een band met je opbouwen.

Hoe empathie te oefenen:

Actief luisteren: Besteed volledige aandacht aan de andere persoon en concentreer je op zijn woorden, toon en lichaamstaal.

Valideer gevoelens: Erken emoties door dingen te zeggen als: "Dat klinkt echt frustrerend."

Stel open vragen: Moedig dieper delen aan met vragen als, "Hoe voelde je je daarbij?".

Jouw taak:

Kies een persoon in je leven met wie je graag een diepere band zou willen hebben. Oefen actief luisteren tijdens je volgende gesprek en denk na over hoe het de interactie heeft veranderd.

4. Conflictmanagement met emotionele intelligentie

Conflicten zijn onvermijdelijk in elke relatie, maar hoe je ermee omgaat bepaalt of het de band versterkt of verzwakt. EQ helpt je conflicten te benaderen met een focus op oplossing in plaats van op schuld.

Stappen om conflicten op te lossen met behulp van EQ:

Blijf kalm: Oefen zelfregulatie door te pauzeren om adem te halen of tijdelijk afstand te nemen als de emoties hoog oplopen.

Richt je op het probleem, niet op de persoon: Vermijd persoonlijke aanvallen en concentreer je op het oplossen van het probleem.

Zoek naar win-win-oplossingen: Streef waar mogelijk naar resultaten die aan de behoeften van beide partijen voldoen.

Bied je excuses aan en vergeef: Erken je fouten en laat wrok varen om het vertrouwen te herstellen.

Jouw taak:

Denk aan een recent conflict. Schrijf op hoe je deze stappen had kunnen toepassen om er constructiever mee om te gaan.

5. Communicatieve vaardigheden versterken

Effectieve communicatie is de ruggengraat van gezonde relaties. EQ rust je uit met de middelen om jezelf duidelijk uit te drukken en tegelijkertijd anderen te begrijpen.

Tips voor effectieve communicatie:

Wees transparant: Deel je gedachten en gevoelens eerlijk maar respectvol.

Gebruik non-verbale signalen: Houd je lichaamstaal open en maak oogcontact om te laten zien dat je betrokken bent.

Vermijd veronderstellingen: Verhelder misverstanden in plaats van overhaaste conclusies te trekken.

Timing is belangrijk: Kies het juiste moment om gevoelige onderwerpen te bespreken wanneer beide partijen rustig en ontvankelijk zijn.

Jouw taak:

Identificeer één terugkerend communicatieprobleem in een belangrijke relatie. Plan en oefen hoe je het gaat aanpakken met behulp van deze tips.

6. Grenzen stellen en respecteren

Gezonde grenzen beschermen relaties door wederzijds respect en begrip te waarborgen. Ze helpen je om je energie en emotionele welzijn te beheren terwijl ze vertrouwen bevorderen.

Grenzen stellen:

   Bepaal je grenzen: Wees duidelijk over waar je je goed bij voelt en wat de grens overschrijdt.

   Communiceer stevig maar vriendelijk: Gebruik uitspraken als: "Ik heb 's avonds wat tijd nodig om op te laden.

   Respecteer de grenzen van anderen: Luister en respecteer wat zij als hun grenzen aangeven.

Jouw taak:

Schrijf één grens op die je zou willen stellen in een relatie. Oefen hoe je dit op een respectvolle en assertieve manier kunt communiceren.

7. Vertrouwen opbouwen door consistentie

Vertrouwen wordt verdiend door consistente acties waaruit betrouwbaarheid en zorg blijkt. Het is de hoeksteen van elke sterke relatie.

Vertrouwen opbouwen:

   Kom afspraken na: Doe wat je zegt dat je zult doen.

Wees eerlijk: Zelfs als de waarheid moeilijk is, zorgt eerlijkheid voor respect.

   Wees ondersteunend: Bied ongevraagd aanmoediging en hulp.

Jouw taak:

Identificeer één manier waarop je meer consistentie kunt tonen in een relatie. Maak een plan om daar deze week naar te handelen.

8. Relatiebeschadiging herkennen en herstellen

Geen enkele relatie is perfect en fouten gebeuren. Het belangrijkste is om problemen direct aan te pakken en de schade te herstellen.

Stappen om schade te herstellen:

   Erken het probleem: Neem verantwoordelijkheid voor uw aandeel in het probleem.

   Bied een oprechte verontschuldiging aan: Spreek berouw uit zonder je daden goed te praten.

   Maak het goed: Vraag wat je kunt doen om het vertrouwen te herstellen en ga door.

Jouw taak:

Denk aan een relatie die gespannen is geweest. Schrijf een excuusbrief, zelfs als je die niet verstuurt, om te oefenen in het uiten van oprecht berouw en het schetsen van stappen voor herstel.

9. De voordelen van EQ in relaties

Wanneer je je relaties versterkt door middel van EQ, zul je ervaren:

Diepere banden: Empathie en begrip bevorderen betekenisvolle banden.

Minder stress: Gezonde relaties bieden emotionele steun in moeilijke tijden.

Verbeterde conflictoplossing: Meningsverschillen worden constructief opgelost, waardoor de spanning afneemt.

Wederzijdse groei: Sterke relaties inspireren en ondersteunen persoonlijke en gezamenlijke groei.

Jouw taak:

Denk na over één relatie die verbeterd is door je toegenomen EQ. Schrijf op wat je anders deed en hoe dat de dynamiek beïnvloedde.

Laatste gedachten

Relaties versterken door middel van emotionele intelligentie is een van de meest lonende aspecten van persoonlijke groei. Door empathie te oefenen, communicatie te verbeteren en conflicten op een doordachte manier te beheren, kun je relaties creëren die je leven verrijken en je reis naar het omkeren van slechte gewoonten ondersteunen.

In het volgende hoofdstuk bekijken we hoe je de vooruitgang die je hebt geboekt kunt vasthouden en hoe je ervoor kunt zorgen dat deze veranderingen een blijvend onderdeel van je levensstijl worden. Ga zo door - je bouwt aan een leven vol zinvolle, bevredigende relaties!

Hoofdstuk 13: Gewoonte stapelen voor succes

Welkom bij hoofdstuk 13! In dit hoofdstuk verkennen we een van de meest effectieve technieken voor het creëren van blijvende verandering: gewoonte stapelen. Het stapelen van gewoonten is een strategie waarbij je nieuwe gewoonten opbouwt door ze te koppelen aan bestaande gewoonten. In plaats van te proberen je leven in één keer om te gooien, koppel je kleine, uitvoerbare stappen aan routines die je al dagelijks uitvoert.

Deze methode maakt gebruik van de kracht van momentum en consistentie, waardoor het gemakkelijker wordt om positieve gewoonten te integreren in je leven. Tegen het einde van dit hoofdstuk, zult u weten hoe te ontwerpen en te implementeren gewoonte stapels om uw doelen te ondersteunen in gezondheid, rijkdom, en emotionele intelligentie.

1. Wat is gewoontestapeling?

Habit stacking werd gepopulariseerd door James Clear in Atomic Habits en is gebaseerd op de wetenschap van gedragspsychologie. De vooronderstelling is eenvoudig: je verankert een nieuwe gewoonte aan een bestaande gewoonte en creëert zo een keten van gedragingen die op een natuurlijke manier samenvloeien.

Waarom het werkt:

    Maakt gebruik van bestaande routines: Je begint niet vanaf nul.

    Vermindert beslissingsmoeheid: Je automatiseert het proces van gewoontes opbouwen.

    Creëert momentum: Kleine overwinningen leiden na verloop van tijd tot grote resultaten.

Voorbeeld:

Bestaande gewoonte: 's ochtends je tanden poetsen.

Nieuwe gewoonte: Oefen dankbaarheid door één ding op te noemen waar je dankbaar voor bent tijdens of direct na het tandenpoetsen.

Jouw taak:

Denk aan een gewoonte die je al dagelijks doet. Bedenk een eenvoudige, heilzame gewoonte die je daaraan zou kunnen koppelen.

2. Uw gewoontestapels ontwerpen

Het succes van gewoontestapeling ligt in doordachte planning. Hier lees je hoe je effectieve gewoontestapels kunt maken:

Stap 1: Ankergewoonten identificeren

Begin met het opnoemen van gewoontes die je al consequent doet, zoals:

- Koffie zetten.
- Een douche nemen.
- De deur op slot doen als je van huis gaat.
- Je e-mail controleren.

Stap 2: Kies eenvoudige nieuwe gewoontes

Kies kleine, haalbare gewoontes die in lijn liggen met je doelen. Voorbeelden zijn:

- Een glas water drinken na het wakker worden (gezondheid).
- Je budget bekijken na de lunch (rijkdom).

Drie keer diep ademhalen voordat je e-mails beantwoordt (emotieregulatie).

Stap 3: Schrijf een Habit Stack Formule

Gebruik deze indeling: "Na [bestaande gewoonte], zal ik [nieuwe gewoonte]."

Voorbeeld: "Nadat ik mijn ochtendkoffie heb gezet, zal ik mijn dagelijkse to-do lijst doornemen."

Stap 4: Testen en afstellen

Begin klein en verfijn je stapel op basis van wat voor jou werkt.

Jouw taak:

Schrijf een complete gewoonte-stapelformule op om deze week uit te proberen.

3. Gewoonte stapelen voor gezondheid

Een gezondere levensstijl creëren hoeft niet overweldigend te zijn. Gebruik gewoontestapeling om je eet-, bewegings- en zelfzorgroutines te verbeteren.

Voorbeelden:

Voeding: Na het eten noteer ik wat ik heb gegeten in een voedingsdagboek.

Oefening: Nadat ik 's avonds mijn tanden heb gepoetst, doe ik 10 push-ups.

Zelfzorg: Nadat ik ben gaan zitten voor het ontbijt, zal ik 2 minuten mediteren.

Jouw taak:

Kies één gezondheidsgerelateerd doel. Schrijf een gewoontestapel op die dit ondersteunt en beloof deze de komende week dagelijks te beoefenen.

4. Gewoonte stapelen voor rijkdom

Het opbouwen van financiële discipline en rijkdom vereist consistentie. Het stapelen van gewoontes kan je helpen om routines in te stellen die sparen, budgetteren en weloverwogen besluitvorming bevorderen.

Voorbeelden:

Budgetteren: Nadat ik mijn e-mail heb gecontroleerd, bekijk ik de saldi van mijn bankrekeningen.

Geld sparen: Nadat ik mijn salaris heb ontvangen, maak ik 10% over naar mijn spaarrekening.

Leren: Nadat ik klaar ben met eten, lees ik een artikel over persoonlijke financiën.

Jouw taak:

Identificeer een financiële gewoonte die je wilt ontwikkelen. Maak een gewoonte die verankerd is in een bestaande dagelijkse routine.

5. Gewoonte stapelen voor emotionele intelligentie

Het verbeteren van emotionele intelligentie omvat praktijken zoals mindfulness, empathie en effectieve communicatie. Het stapelen van gewoontes kan je helpen om deze praktijken naadloos in je dag op te nemen.

Voorbeelden:

Mindfulness: Nadat ik mijn auto heb gestart, haal ik drie keer diep adem voordat ik ga rijden.

Empathie: Nadat ik een gesprek heb beëindigd, denk ik na over wat de andere persoon misschien voelde.

Dankbaarheid: Nadat ik mijn dagboek heb geopend, schrijf ik één ding op waar ik dankbaar voor ben.

Jouw taak:

Kies een aspect van emotionele intelligentie dat je wilt versterken. Schrijf een gewoontestapel die regelmatige oefening aanmoedigt.

6. Veelvoorkomende problemen oplossen

Zelfs met de beste bedoelingen kan het stapelen van gewoontes op obstakels stuiten. Hier lees je hoe je ze kunt overwinnen:

Uitdaging 1: De nieuwe gewoonte vergeten

Oplossing: Gebruik visuele geheugensteuntjes, zoals plakbriefjes of telefoonalarmen, om je eraan te herinneren totdat de gewoonte een automatisme wordt.

Uitdaging 2: Je routine overbelasten

Oplossing: Begin met één kleine gewoontestapeling per keer. Bouw geleidelijk op om overweldiging te voorkomen.

Uitdaging 3: Motivatie verliezen

Oplossing: Vier kleine overwinningen en herinner jezelf aan het grotere doel dat je gewoonten ondersteunen.

Jouw taak:

Als je al eerder gewoontestapeling hebt geprobeerd en er moeite mee had, identificeer dan de uitdaging waarmee je werd geconfronteerd en schrijf een plan op om deze aan te pakken.

7. Uw gewoontestapels schalen

Als je eenmaal een paar kleine stapeltjes onder de knie hebt, kun je ze uitbreiden tot grotere routines. Bijvoorbeeld:

Ochtendroutine:

Nadat ik wakker ben geworden, drink ik een glas water.

Nadat ik water heb gedronken, schrijf ik mijn drie belangrijkste doelen voor die dag op.

Nadat ik mijn doelen heb opgeschreven, ga ik 5 minuten stretchen.

Avondroutine:

Nadat ik mijn tanden heb gepoetst, bekijk ik wat ik vandaag heb bereikt.

Nadat ik mijn prestaties heb bekeken, maak ik mijn outfit voor de volgende dag klaar.

Nadat ik mijn outfit heb klaargemaakt, lees ik 10 bladzijden uit een boek.

Jouw taak:

Ontwerp een eenvoudige ochtend- of avondroutine met behulp van gewoontestapeling. Begin met 2-3 gewoontes en breid ze geleidelijk uit.

8. De voordelen op lange termijn van het stapelen van gewoonten

Habit stacking helpt je een leven te creëren waarin succes een automatisme wordt. Door positieve gewoonten te koppelen aan bestaande routines, zul je:

Bespaar tijd: Verminder het aantal beslissingen door gestructureerde routines op te bouwen.

Blijf consistent: Kleine dagelijkse acties leiden tot grote langetermijnresultaten.

Doelen bereiken: Stem je gewoonten af op je doelen voor gezondheid, rijkdom en persoonlijke groei.

Laatste gedachten

Habit stacking is meer dan alleen een productiviteitshack-het is een raamwerk voor intentioneel leven. Door nieuwe gewoonten te verankeren in bestaande routines, kun je een rimpeleffect van positieve verandering creëren op elk gebied van je leven.

In het volgende hoofdstuk brengen we alles samen en bespreken we hoe je de vooruitgang die je hebt geboekt kunt volhouden, zodat de gewoonten die je hebt opgebouwd leiden tot blijvende transformatie. Je bent er bijna - ga door!

Hoofdstuk 14: De rol van verantwoording

Accountability is de onzichtbare kracht die je succes kan maken of breken. Het gaat niet alleen om het afvinken van taken, het gaat om het stimuleren van betrokkenheid, het opbouwen van veerkracht en het creëren van een ondersteunende structuur die ervoor zorgt dat je vooruit blijft gaan, zelfs als je motivatie afneemt.

In dit hoofdstuk onderzoeken we hoe verantwoording afleggen werkt, waarom het essentieel is voor het omkeren van slechte gewoonten en hoe je het kunt integreren in je reis. Aan het eind heb je de tools om verantwoordingssystemen op te bouwen die je in staat stellen om op het juiste spoor te blijven en je doelen te bereiken.

1. Wat is verantwoording?

In de kern is verantwoording de praktijk van verantwoordelijkheid nemen voor je acties en vooruitgang. Het houdt in dat je zowel successen als tegenslagen erkent en streeft naar voortdurende verbetering.

Belangrijkste aspecten van verantwoording:

    Verantwoordelijkheid: Eigenaar zijn van je beslissingen en hun resultaten.

    Transparantie: Eerlijk zijn over je inspanningen en uitdagingen.

    Ondersteuning: Gebruikmaken van relaties en systemen om je op één lijn te houden met je doelen.

Jouw taak:

Denk na over een moment waarop je succes had omdat iemand of iets je verantwoordelijk hield. Schrijf op wat werkte en hoe het je motiveerde.

2. Waarom verantwoording belangrijk is

Zonder verantwoording is het makkelijk om je vooruitgang te laten ontsporen door excuses, afleiding of een gebrek aan discipline. Dit is waarom verantwoording afleggen cruciaal is:

   Verhoogt betrokkenheid: Je hebt meer kans om je doelen na te streven als iemand anders ervan op de hoogte is.

   Biedt perspectief: Anderen kunnen je helpen om blinde vlekken en verbeterpunten te zien.

   Bouwt consistentie op: Regelmatige check-ins creëren momentum, waardoor intenties worden omgezet in gewoonten.

   Stimuleert veerkracht: Verantwoordingspartners of -systemen kunnen je motiveren om door te gaan in moeilijke tijden.

Jouw taak:

Schrijf één gebied op waar een gebrek aan verantwoording je vooruitgang heeft belemmerd. Identificeer hoe het hebben van een systeem van verantwoording had kunnen helpen.

3. Soorten verantwoordingssystemen

Verantwoording afleggen kan in vele vormen. Kies de vorm(en) die het beste bij jouw persoonlijkheid en doelen past (passen):

a. Zelfverantwoording:

Je eigen vooruitgang bijhouden met hulpmiddelen zoals dagboeken, gewoontetrackers of apps.

   Voorbeeld: Gebruik een dagelijkse planner om voltooide gewoontes of taken te loggen.

   Tip: Reflecteer wekelijks op wat goed ging en wat aanpassing behoeft.

b. Verantwoording door collega's:

Samenwerken met een vriend, collega of familielid om doelen en vooruitgang te delen.

   Voorbeeld: Beloof een wekelijkse check-in met een vriend(in) over je fitnessdoelen.

   Tip: Kies iemand die betrouwbaar en bemoedigend is.

c. Groepsverantwoording:

Sluit je aan bij een groep met gedeelde doelen, zoals een fitnessles of mastermindgroep.

   Voorbeeld: Neem deel aan een online forum waar leden hun vooruitgang en uitdagingen delen.

   Tip: Wees een actieve deelnemer om het meeste uit de groep te halen.

d. Professionele verantwoording:

Een coach, mentor of therapeut inhuren om je te begeleiden en te ondersteunen.

Voorbeeld: Werk samen met een financieel adviseur om een budget op te stellen en je eraan te houden.

Tip: Zorg ervoor dat de professional overeenkomt met je waarden en doelen.

Jouw taak:

Ga na welke vorm van verantwoording jou het meest aanspreekt. Schrijf één manier op om het deze week in je leven op te nemen.

4. Verantwoording opnemen in je dagelijks leven

Om verantwoording effectief te maken, moet je het integreren in je routines. Dit is hoe:

a. Stel duidelijke doelen:

Verantwoording afleggen begint met weten waar je naar streeft. Bepaal je doelen met specifieke, meetbare resultaten.

Voorbeeld: In plaats van "Ik wil geld besparen", zeg je: "Ik zal de komende drie maanden elke week $100 besparen".

b. Checkpoints maken:

Verdeel je doel in kleinere mijlpalen en plan regelmatige check-ins.

Voorbeeld: Bekijk elke zondag je uitgaven om er zeker van te zijn dat je binnen je budget blijft.

c. Gebruik instrumenten voor verantwoording:

Maak gebruik van technologie om op schema te blijven. Apps, herinneringen en digitale trackers kunnen helpen.

Voorbeeld: Gebruik een fitness-app om workouts te loggen en de voortgang bij te houden.

d. Winsten vieren:

Erken en beloon vooruitgang om gemotiveerd te blijven.

   Voorbeeld: Trakteer jezelf op iets leuks als je een belangrijke mijlpaal hebt bereikt.

Jouw taak:

Kies één doel en schrijf drie controlepunten op om je vooruitgang te meten. Bepaal hoe je jezelf gaat belonen voor het bereiken van elk doel.

5. Verantwoording afleggen in de gezondheidszorg

Voor het omkeren van ongezonde gewoonten is verantwoording afleggen van onschatbare waarde. Het kan je gemotiveerd houden en terugval voorkomen.

Strategieën voor verantwoording in de gezondheidszorg:

   Volg je vooruitgang: Log dagelijks trainingen, maaltijden of gewichtsveranderingen.

   Sluit een partner aan: Train samen met een vriend of sluit je aan bij een fitnessgroep.

   Gebruik professionele ondersteuning: Huur een personal trainer of voedingsdeskundige in om je te begeleiden.

Jouw taak:

Stel een gezondheidsdoel (bijv. 3 keer per week sporten). Schrijf op hoe je jezelf verantwoordelijk houdt om het te bereiken.

6. Verantwoording in rijkdom

Financiële discipline gedijt bij verantwoording. Het houdt je eerlijk over je uitgaven, besparingen en planning.

Strategieën voor financiële verantwoording:

Maak een budget: Deel het met een vertrouwde vriend of adviseur.

Sparen automatiseren: Stel automatische overschrijvingen naar een spaarrekening in.

Controleer maandelijks: Plan regelmatige herzieningen van je financiële doelen.

Jouw taak:

Kies één financiële gewoonte (bijvoorbeeld $50 per week sparen). Bepaal hoe en met wie je verantwoordelijk blijft voor het volhouden ervan.

7. Verantwoording in emotionele groei

Het opbouwen van emotionele intelligentie vereist consistente oefening, wat verantwoording kan ondersteunen.

Strategieën voor EQ-boekhouding:

Dagboek: Schrijf over dagelijkse interacties en denk na over hoe je met emoties bent omgegaan.

Praktijk Check-Ins: Werk samen met iemand om wekelijkse EQ doelen en reflecties te delen.

Zoek feedback: Vraag vertrouwde personen om eerlijke input over hoe je omgaat met emoties.

Jouw taak:

Schrijf één EQ-doel op (bijv. pauzeren voordat je reageert in gespannen situaties). Bepaal hoe je de voortgang gaat bijhouden en wie je kan ondersteunen.

8. Weerstand tegen verantwoording overwinnen

Het is normaal dat je aarzelt om verantwoording af te leggen. Hier lees je hoe je veelvoorkomende barrières kunt aanpakken:

Barrière 1: Angst voor een oordeel

Oplossing: Kies ondersteunende, niet-oordelende mensen of hulpmiddelen om je verantwoordelijk te houden.

Barrière 2: Verantwoordelijkheid ontlopen

Oplossing: Verdeel doelen in kleinere, beheersbare stappen zodat vooruitgang haalbaar lijkt.

Belemmering 3: Gebrek aan consistentie

Oplossing: Plan regelmatige check-ins en stel herinneringen in om op schema te blijven.

Jouw taak:

Identificeer één barrière die je tegenkomt bij het afleggen van verantwoording en schrijf op hoe je die gaat overwinnen.

9. De voordelen van verantwoording op lange termijn

Verantwoording afleggen is niet alleen een middel om kortetermijndoelen te bereiken, het bouwt gewoontes op die succes op de lange termijn in stand houden. Met consistente verantwoording zul je:

    Ontwikkel meer zelfdiscipline.

    Bouw vertrouwen op in jezelf en anderen.

    Doelen efficiënter bereiken.

    Creëer een ondersteuningssysteem dat je helpt om te groeien.

Laatste gedachten

Accountability zet intenties om in acties en aspiraties in prestaties. Door verantwoording af te leggen op het gebied van gezondheid, rijkdom en emotionele intelligentie bouw je de discipline en steun op die nodig zijn om slechte gewoontes om te buigen en je doelen te bereiken.

In het volgende hoofdstuk brengen we alles samen en bespreken we strategieën om de vooruitgang die je hebt geboekt vast te houden. Blijf toegewijd - je nadert de finish!

Hoofdstuk 15: Mijlpalen vieren

Je hebt hard gewerkt om je slechte gewoontes om te buigen en elke stap op je reis verdient erkenning. Mijlpalen vieren is niet alleen jezelf een schouderklopje geven; het is een cruciaal onderdeel van het versterken van positief gedrag en het behouden van motivatie voor de lange termijn.

In dit hoofdstuk bespreken we het belang van het erkennen van vooruitgang, hoe je mijlpalen definieert en de beste manieren om ze te vieren. Aan het einde van de rit weet je hoe je van vieren een krachtig middel maakt voor blijvend succes.

1. Waarom het vieren van mijlpalen belangrijk is

Het vieren van mijlpalen is niet egoïstisch, maar strategisch. Het houdt je betrokken, versterkt de vooruitgang en creëert een positieve emotionele band met je inspanningen.

Voordelen van het vieren van mijlpalen:

   Bouwt momentum op: Het erkennen van kleine overwinningen houdt je gemotiveerd om grotere uitdagingen aan te gaan.

   Versterkt gewoonten: Beloningen zorgen voor positieve versterking, waardoor nieuwe gewoontes blijven.

   Versterkt het zelfvertrouwen: Vieringen herinneren je eraan hoe ver je bent gekomen, wat zelfvertrouwen geeft.

   Voorkomt burn-out: Tijd nemen om te vieren vermindert stress en houdt de reis plezierig.

Jouw taak:

Denk na over een recente prestatie, groot of klein. Hoe heb je die erkend? Als je dat niet hebt gedaan, bedenk dan hoe je het op een zinvolle manier had kunnen vieren.

2. Uw mijlpalen definiëren

Niet alle mijlpalen hoeven monumentaal te zijn. Verdeel je reis in behapbare segmenten en vier de vooruitgang in elke fase.

Soorten mijlpalen:

Micro Mijlpalen: Kleine, dagelijkse of wekelijkse overwinningen (bijv. je een week aan je budget houden).

Middelgrote mijlpalen: Belangrijke vooruitgangspunten (bijv. 5 pond afvallen, 1000 dollar besparen).

Belangrijke mijlpalen: Langetermijndoelen bereiken (bv. schulden afbetalen, een marathon lopen).

Mijlpalen identificeren:

Afstemmen op je doelen: Kies mijlpalen die een weerspiegeling zijn van de vooruitgang die je boekt op het gebied van gezondheid, rijkdom of je EQ-doelstellingen.

Wees specifiek: Definieer duidelijke, meetbare doelen.

Maak ze realistisch: Zorg ervoor dat mijlpalen uitdagend maar haalbaar zijn.

Voorbeeld:

Als je doel is om 20 pond af te vallen, kunnen je mijlpalen zijn:

De eerste 5 pond verliezen (micro).

10 pond afgevallen (gemiddeld).

Het bereiken van de 20 lb-grens (belangrijk).

Jouw taak:

Schrijf een doel op voor de lange termijn en drie mijlpalen die de vooruitgang in de richting van het doel weergeven.

3. Zinvolle beloningen kiezen

Vieringen moeten persoonlijk en belonend aanvoelen, maar mogen je vooruitgang niet in de weg staan. Kies beloningen die aansluiten bij je waarden en die positieve gewoonten versterken.

Beloningsideeën per categorie:

Gezondheid:

Koop nieuwe trainingsspullen.

Trakteer jezelf op een massage.

Probeer een nieuw, gezond recept.

Rijkdom:

Gun jezelf een kleine uitspatting zonder schuldgevoel (bijvoorbeeld een favoriete maaltijd of boek).

Zet "fun money" opzij voor een ervaring die je leuk vindt.

Investeer in een cursus of tool die je financiële doelen ondersteunt.

Emotionele intelligentie:

Neem een dag voor zelfzorg, zoals een dagboek bijhouden of ontspannen in de natuur.

Vier het met een vriend die je groei heeft gesteund.

Beloon jezelf met tijd voor een favoriete hobby.

Jouw taak:

Kies een mijlpaal waar je naartoe werkt. Schrijf een beloning op die zinvol voelt en in lijn is met je vooruitgang.

4. Vieren zonder saboteren

Het is van essentieel belang dat vieringen de vooruitgang die je hebt geboekt niet ongedaan maken. Als je bijvoorbeeld hard hebt gewerkt aan gezond eten, laat een "cheat meal" dan niet uitmonden in een week van overdaad.

Tips voor evenwichtige vieringen:

Houd beloningen in toom: Kies beloningen die vreugde brengen zonder je doelen in gevaar te brengen.

Vier de vooruitgang, niet de perfectie: Focus op de inspanning die je hebt geleverd, zelfs als de reis niet perfect is.

Wees creatief: Zoek naar niet-materiële manieren om feest te vieren, zoals tijd doorbrengen met dierbaren of nieuwe ervaringen opdoen.

Voorbeeld:

In plaats van gewichtsverlies te vieren door junkfood te eten, kun je jezelf belonen met een nieuw paar hardloopschoenen of een leuke buitenactiviteit.

Jouw taak:

Denk aan een moment waarop een viering leidde tot terugkrabbelen. Hoe had je anders kunnen vieren om de vaart erin te houden?

5. Je winsten delen

Vieringen krijgen nog meer betekenis als ze met anderen worden gedeeld. Of het nu gaat om een goede vriend, familielid of accountabilitypartner, anderen erbij betrekken kan de vreugde en motivatie versterken.

Manieren om te delen:

Sociale media: Post over je vooruitgang om anderen te inspireren.

Verantwoordingsgroepen: Deel mijlpalen tijdens check-ins.

Vier het samen: Nodig iemand uit die je gesteund heeft om mee te vieren.

Jouw taak:

Identificeer één persoon met wie je je volgende mijlpaal wilt delen. Schrijf op hoe je hem of haar bij je viering wilt betrekken.

6. Reflecteren op je reis

Het vieren van mijlpalen is ook een gelegenheid om na te denken over wat je hebt geleerd en hoe je bent gegroeid. Gebruik deze tijd om je veerkracht, aanpassingsvermogen en toewijding te erkennen.

Vragen voor reflectie:

   Welke uitdagingen heb ik overwonnen om deze mijlpaal te bereiken?

   Welke strategieën werkten goed en wat kan ik verbeteren?

   Hoe brengt het bereiken van deze mijlpaal me dichter bij mijn langetermijndoel?

Jouw taak:

Nadat je de volgende mijlpaal hebt bereikt, kun je 10 minuten schrijven over je reis tot nu toe.

7. Het rimpeleffect van vieringen

Wanneer je viert, creëer je een positief momentum dat andere gebieden van je leven beïnvloedt. Het erkennen van vooruitgang op één gebied (bijv. gezondheid) kan je inspireren om harder te werken op een ander gebied (bijv. rijkdom of EQ).

Voorbeelden van rimpeleffecten:

   Je zelfverzekerd voelen na het behalen van een fitnessdoel kan je motiveren om een financiële uitdaging aan te gaan.

Het vieren van verbeterde communicatie met een partner kan je toewijding aan persoonlijke groei versterken.

Jouw taak:

Schrijf een recente overwinning op en geef aan hoe die een positieve invloed heeft gehad op een ander deel van je leven.

8. Een gewoonte om te vieren creëren

Net zoals je gewoontes opbouwt voor gezondheid, rijkdom en EQ, kun je een gewoonte ontwikkelen om vooruitgang te vieren.

Stappen om van vieringen een routine te maken:

Plan vooruit: Wijs vooraf beloningen toe aan specifieke mijlpalen.

Houd de voortgang bij: Gebruik een dagboek of tracker om te noteren wanneer je mijlpalen hebt bereikt.

Plan vieringen: Behandel vieringen als afspraken die je niet wilt missen.

Jouw taak:

Bekijk je huidige doelen en mijlpalen. Plan een specifiek moment om je volgende overwinning te vieren.

9. De langetermijnkracht van vieringen

Bij vieringen gaat het niet alleen om beloningen, maar ook om het versterken van de mentaliteit en het gedrag die leiden tot succes. Door consequent te vieren, zul je:

Blijf gemotiveerd door uitdagingen.

Verdiep je verbinding met je doelen.

Bouw een leven op dat inspanning en vooruitgang waardeert.

Laatste gedachten

Het vieren van mijlpalen is de brandstof die je reis aandrijft. Door je vooruitgang op een betekenisvolle manier te erkennen, houd je niet alleen je momentum vast, maar maak je van het proces van het omkeren van slechte gewoonten ook een plezierige en bevredigende ervaring.

Onthoud bij het vooruitgaan dat elke stap - hoe klein ook - het vieren waard is. In het volgende en laatste hoofdstuk richten we ons op het behouden van het succes dat je hebt opgebouwd en het creëren van een routekaart voor levenslange groei. Blijf toegewijd-je bent bijna bij de finish!

Conclusie:
Je nieuwe realiteit

Aan het einde van deze reis heb je de tools geleerd om je gewoontes en daarmee je leven te veranderen. Maar dit is nog maar het begin. Het proces van het omkeren van slechte gewoonten en ze te vervangen door nieuwe, empowerment degenen is aan de gang. In feite begint het echte werk nu. Wat je hebt geleerd kan u helpen een leven van consistente groei, zelf-meesterschap en vervulling. Deze nieuwe realiteit is geen verre droom, maar een realiteit waar je nu in kunt stappen.

1. Gewoontes zijn de basis van je nieuwe realiteit

De gewoonten die je tot nu toe hebt aangenomen hebben je leven gevormd op zowel duidelijke als subtiele manieren. Ze hebben bepaald uw gezondheid, rijkdom, relaties en emotioneel welzijn. Door het veranderen van deze gewoonten, bent u niet alleen het verbeteren van individuele aspecten van je leven, je bent het opnieuw vormgeven van de hele stichting waarop uw toekomst zal worden gebouwd.

Je nieuwe realiteit zal er een zijn waar:

 Gezondheid wordt een gewoonte, geen doel. Je hoeft jezelf niet te dwingen om gezonde keuzes te maken; ze komen vanzelf, ingebed in je routines.

 Rijkdom wordt systematisch beheerd en opgebouwd, in plaats van afhankelijk te zijn van geluk of sporadische inspanningen. Je zult de tools hebben om weloverwogen financiële beslissingen te nemen, bewust te sparen en je rijkdom in de loop van de tijd te laten groeien.

 Emotionele intelligentie begeleidt je relaties, wat leidt tot diepere banden met anderen en een sterker gevoel van eigenwaarde. Je zult in staat zijn om de uitdagingen van het leven met gratie, empathie en veerkracht aan te gaan.

Onthoud tijdens je reis dat gewoonten zich uitbreiden. Kleine, consistente acties zullen leiden tot monumentale veranderingen. Dit is de kracht van gewoonten op het werk.

Reflectieopdracht:

Schrijf één belangrijke gewoonte op die het meeste potentieel heeft om je leven te veranderen. Beschrijf hoe dit je toekomstige realiteit zal beïnvloeden.

2. De kracht van consistentie

Een van de belangrijkste lessen die je in dit boek hebt geleerd is dat verandering niet plaatsvindt in plotselinge uitbarstingen van wilskracht, maar door consequent handelen. Het veranderen van je gewoontes is een langzaam, weloverwogen proces dat niet altijd direct resultaat oplevert. Echter, consistentie zal momentum opbouwen en uiteindelijk het gedrag waar je zo hard aan hebt gewerkt een tweede natuur maken.

Hoewel de verleiding om terug te vallen in oude patronen zal ontstaan, zal de consistentie die je hebt gecultiveerd een krachtige kracht worden die je op het goede spoor houdt. Als je je blijft inzetten voor je nieuwe gewoonten, zul je zien dat ze wortel schieten en gemakkelijker en vanzelfsprekender worden.

De sleutel tot succes:

   Streef niet naar perfectie, maar richt je op vooruitgang. Als je een fout maakt, ga dan gewoon weer verder zonder jezelf te veroordelen.

   Vier elke overwinning, hoe klein ook. Elke positieve verandering versterkt de volgende stap voorwaarts.

Houd je vooruitgang bij zodat je kunt zien hoe ver je bent gekomen. Dit zal je zelfvertrouwen een boost geven en je helpen gemotiveerd te blijven.

3. Omarm tegenslagen als kansen voor groei

Transformatie is niet lineair en tegenslagen zijn een onvermijdelijk onderdeel van het proces. De sleutel is om tegenslagen niet te zien als mislukkingen, maar als kansen om te groeien en te leren.

Als je bijvoorbeeld terugvalt in een oude eetgewoonte of te veel uitgeeft, gebruik dit dan niet als excuus om op te geven. Gebruik in plaats daarvan de tegenslag om te identificeren wat het gedrag heeft veroorzaakt, herijk je strategieën en kom sterker terug. Tegenslagen zijn momenten van reflectie, waarop je je aanpak kunt bijstellen en je vastberadenheid kunt aanscherpen.

Omgaan met tegenslagen:

   Bekijk je triggers opnieuw: Welke situatie of welk gevoel heeft je doen uitglijden? Hoe kun je het de volgende keer anders aanpakken?

   Beoefen zelfcompassie: Begrijp dat verandering moeilijk is en wees aardig voor jezelf als dingen niet volgens plan gaan.

   Hergroepeer snel: In plaats van je vooruitgang te laten ontsporen door een enkele misstap, ga je onmiddellijk weer op het goede spoor en ga je vastberaden verder.

Actiestap:

Denk aan een recente tegenslag die je hebt ervaren. Hoe kun je dit zien als een kans om te leren en te groeien?

4. Voortdurende groei en zelfverbetering

Het werk van het omkeren van slechte gewoonten is nooit echt klaar. Het leven is voortdurend in ontwikkeling en als je blijft groeien, kom je nieuwe uitdagingen, kansen en levensfasen tegen die aanpassing vereisen. Je gewoonten evolueren met je mee en de sleutel tot blijvend succes is het handhaven van een mentaliteit van voortdurende groei.

Hoe blijven groeien:

   Blijf leren: Of het nu door middel van boeken, cursussen of persoonlijke ervaringen is, blijf op zoek naar kennis en verfijn je gewoonten.

   Stel nieuwe doelen: Als je een mijlpaal hebt bereikt, stel dan een nieuwe om jezelf te blijven stimuleren.

   Reflecteer regelmatig: Plan elke maand of elk kwartaal tijd in om na te denken over je gewoonten, doelen en algemene vooruitgang.

Hoe meer je investeert in je persoonlijke groei, hoe krachtiger je gewoontes worden. Ze worden een systeem dat je steeds veranderende visie op wie je wilt zijn ondersteunt.

5. De impact op anderen

Naarmate je verandert, zullen ook je relaties met anderen veranderen. De positieve transformatie die je ervaart zal natuurlijk naar buiten uitstralen, met invloed op de mensen om je heen. Als je betere gewoontes aanleert, word je een voorbeeld van wat mogelijk is en inspireer je de mensen om je heen om zelf ook veranderingen aan te brengen.

Door je emotionele intelligentie, financiële discipline en fysieke gezondheid te versterken, word je een betere partner, ouder, vriend en collega. De positieve energie die je creëert zal besmettelijk zijn, wat leidt tot diepere, meer bevredigende relaties en een meer ondersteunend sociaal netwerk.

Actiestap:

Denk aan één persoon wiens leven positief beïnvloed zou kunnen worden door jouw transformatie. Hoe kun je jouw reis met hen delen of hen ondersteunen in hun eigen groei?

6. Op één lijn leven met je visie

Zorg er bij het omarmen van je nieuwe realiteit voor dat je gewoonten altijd in lijn zijn met je langetermijnvisie. Je gewoonten moeten de persoon weerspiegelen die je wilt worden en het leven dat je wilt creëren.

Als het je visie is om gezond en sterk te zijn, dan moeten je gewoonten regelmatige lichaamsbeweging en evenwichtige voeding ondersteunen. Als je visie financiële onafhankelijkheid is, moeten je gewoonten sparen, investeren en budgetteren omvatten. Als het je visie is om emotioneel intelligent te zijn, moeten je gewoonten zelfreflectie, empathie en mindfulness ondersteunen.

Hoe blijf je op één lijn?

Bekijk je visie regelmatig: Houd het in je achterhoofd zodat je je gewoonten erop kunt afstemmen.

Pas aan waar nodig: Het leven verandert, en je gewoonten dus ook. Beoordeel regelmatig of je acties nog steeds in lijn zijn met je uiteindelijke doelen.

7. Je nieuwe realiteit begint nu

Je hebt de eerste stap gezet in het omkeren van je slechte gewoontes en het instellen van nieuwe, levensbevestigende routines. De tools en strategieën die je hebt geleerd zullen dienen als een routekaart voor je verdere succes.

Maar wacht niet op een "perfect" moment om te beginnen. Begin vandaag. Kleine acties die je nu onderneemt, zullen na verloop van tijd tot grote resultaten leiden. Elke dag is een kans om de nieuwe gewoonten te versterken die je nieuwe realiteit zullen vormen.

Laatste aanmoediging:

Jij bent in staat tot transformatie. De kracht om te veranderen zit in je en nu heb je de kennis en de hulpmiddelen om het te doen. Houd je visie helder, je acties consistent en je mindset open. Je nieuwe realiteit wacht op je.

Laten we het waarmaken.

Verklarende woordenlijst

Verantwoordingsplicht partner

Een vertrouwd persoon die je steun, aanmoediging en eerlijke feedback geeft om je te helpen op koers te blijven met je doelen en gewoonten.

Automatisme

De toestand waarin een gedrag zo ingesleten raakt dat het automatisch gebeurt zonder bewuste inspanning.

Slechte gewoonte

Een terugkerend gedrag dat een negatieve invloed heeft op je fysieke, emotionele of financiële welzijn, vaak veroorzaakt door onmiddellijke bevrediging.

Gedrag Trigger

Een gebeurtenis, emotie of cue die een gewoonte in gang zet, positief of negatief.

Samengesteld effect

Het principe dat kleine, consistente acties, wanneer ze na verloop van tijd herhaald worden, significante resultaten opleveren.

Cues

Externe of interne triggers die een gewoontegedrag uitlokken, zoals het tijdstip van de dag, de locatie of emoties.

Uitgestelde bevrediging

Het vermogen om een onmiddellijke beloning te weerstaan ten gunste van een grotere of betekenisvollere beloning later.

Discipline

De gewoonte om consequent te kiezen voor acties die in lijn zijn met je langetermijndoelen, zelfs als dat op dat moment moeilijk voelt.

Emotionele intelligentie (EQ)

Het vermogen om je eigen emoties te herkennen, te begrijpen en te beheersen terwijl je je ook kunt inleven in de emoties van anderen en deze kunt beïnvloeden.

Terugkoppelingslus

Een cyclus waarbij de resultaten van je gedrag informatie geven die dat gedrag in de toekomst versterkt of ontmoedigt.

Financiële discipline

De praktijk van het verantwoord omgaan met geld door te budgetteren, te sparen en impulsieve uitgaven te vermijden.

Gewoonte lus

Een driedelige cyclus die gewoontegedrag aanstuurt, bestaande uit een cue, routine en beloning.

Gewoonte stapelen

De gewoonte om nieuwe gewoonten op te bouwen door ze te koppelen aan bestaande gewoonten, waardoor ze gemakkelijker aan te leren en vol te houden zijn.

Onmiddellijke bevrediging

Het verlangen om onmiddellijk plezier of voldoening te ervaren, vaak ten koste van langetermijndoelen.

Intrinsieke motivatie

Een persoonlijke drive om iets te bereiken omdat het overeenkomt met je waarden en passies, eerder dan voor externe beloningen.

Sleutelsteen gewoonte

Eén gewoonte die een rimpeleffect heeft en andere gebieden in je leven positief beïnvloedt.

Mindfulness

De praktijk om aanwezig te zijn en volledig betrokken te zijn bij het moment, wat helpt bij het identificeren en veranderen van onbewuste gewoonten.

Neuroplasticiteit

Het vermogen van de hersenen om nieuwe verbindingen en paden te vormen, waardoor veranderingen in gedrag en gewoonten mogelijk worden.

Overcorrectie

Het maken van een extreme of onhoudbare verandering om een slechte gewoonte om te keren, wat vaak leidt tot een burn-out of mislukking.

Positieve versterking

Een gewenst gedrag belonen om de herhaling ervan aan te moedigen.

Reactief gedrag

Een automatische, emotionele reactie op een situatie zonder pauze of nadenken over de gevolgen.

Herdefiniëring

Het veranderen van de manier waarop je tegen een situatie aankijkt, waarbij uitdagingen vaak worden omgezet in groeikansen.

Vervangingsgewoonte

Een positieve gewoonte die bewust wordt aangenomen om een negatieve gewoonte te vervangen.

Belonen

Het voordeel of de opluchting die een gewoonte versterkt en de herhaling ervan aanmoedigt.

Zelfbewustzijn

Het vermogen om je gedachten, emoties en gedragingen te herkennen en te begrijpen, wat essentieel is om gewoonten te veranderen.

Tegenvaller

Een tijdelijke onderbreking in de voortgang die een kans biedt om je strategieën opnieuw te beoordelen en aan te passen.

SMART doelen

Een raamwerk voor het stellen van doelen dat ervoor zorgt dat doelen specifiek, meetbaar, haalbaar, relevant en tijdgebonden zijn.

Fallacy van verzonken kosten

De neiging om een gedrag voort te zetten omdat je er in het verleden tijd, geld of energie in hebt gestoken, zelfs als het je niet langer dient.

Visualisatie

De praktijk van het mentaal voorstellen van je doelen en het proces om ze te bereiken om de motivatie en duidelijkheid te vergroten.

Wilskracht

Het vermogen om verleidingen op korte termijn te weerstaan en je te richten op doelstellingen op lange termijn, vaak gezien als een eindige hulpbron die moet worden aangevuld.

Zone van ongemak

De mentale of emotionele toestand waarin groei en verandering plaatsvinden, omdat het gewoontegedrag in denken en doen uitdaagt.

Deze verklarende woordenlijst helpt je om de belangrijkste begrippen en termen te verduidelijken tijdens je reis naar het omkeren van slechte gewoontes en het creëren van blijvende transformatie.

Tot slot, als je van dit boek hebt genoten, neem dan alsjeblieft de tijd om je gedachten te delen en een recensie te plaatsen op Amazon. Dat wordt zeer gewaardeerd!

Hartelijk dank,

Brian Mahoney

www.ingramcontent.com/pod-product-compliance
Lightning Source LLC
LaVergne TN
LVHW012024060526
838201LV00061B/4443